# 投资最聪明的事

BUBBLES, BEARS and BULLSHIT

[丹]拉斯·特维德——著  常可——译

中信出版集团 | 北京

图书在版编目（CIP）数据

投资最聪明的事 /（丹）拉斯·特维德著；常可译
. -- 北京：中信出版社，2022.8
书名原文：Bubbles, Bears and Bullshit
ISBN 978-7-5217-4411-8

Ⅰ.①投… Ⅱ.①拉…②常… Ⅲ.①投资-基本知识 Ⅳ.① F830.59

中国版本图书馆 CIP 数据核字（2022）第 081366 号

Bobler, bullshit og børsfest
Copyright © 2020 by Lars Tvede and Politikens Forlag, JP/Politikens Hus A/S.
Published by arrangement with Politiken Literary Agency, through The Grayhawk Agency Ltd.
Simplified Chinese translation copyright © 2022 by CITIC Press Corporation.
ALL RIGHTS RESERVED

投资最聪明的事
著者：　［丹］拉斯·特维德
译者：　常可
出版发行：中信出版集团股份有限公司
（北京市朝阳区惠新东街甲 4 号富盛大厦 2 座　邮编　100029）
承印者：　天津丰富彩艺印刷有限公司

开本：787mm×1092mm　1/16　印张：15.5　字数：160 千字
版次：2022 年 8 月第 1 版　印次：2022 年 8 月第 1 次印刷
京权图字：01-2022-3792　书号：ISBN 978-7-5217-4411-8
定价：69.00 元

版权所有·侵权必究
如有印刷、装订问题，本公司负责调换。
服务热线：400-600-8099
投稿邮箱：author@citicpub.com

# 目录　CONTENTS

序言　　Ⅲ

## PART ONE
## 世界经济的兴衰

第1章　独一无二　003
第2章　可预见的世界经济增长　015
第3章　总会柳暗花明，尽管铿锵前行　021
第4章　经济趋势的复杂性　032
第5章　实践中的经济周期　043
第6章　理性的歇斯底里　057
第7章　一种病毒出现了　063

## PART TWO
## 投资与价值

第8章　我从杰里米·西格尔那里学到的　079
第9章　马尔基尔和蒙眼猴子　088
第10章　马尔基尔的局限性　094
第11章　巨富大学　105
第12章　地段，地段，还是地段　109
第13章　也许我不该卖出少女峰的股票　118
第14章　要小心那些光鲜亮丽的标的　128
第15章　闪光的古董藏品　134

## PART THREE
### 投资者和市场

第16章 推理中存在的问题　　149
第17章 极度非理性和从众思维　　156
第18章 我买下奔驰AMG的来龙去脉　　161
第19章 人类的多样性　　169

## PART FOUR
### 投资实践

第20章 唐老鸭和小鸭子们　　181
第21章 第一位洞察者　　188
第22章 做你擅长的事　　196
第23章 像保险公司那样思考　　200
第24章 时间，图表和技术分析　　206
第25章 用简单的方法做明智的投资　　215

## PART FIVE
### 投资的回响

第26章 侏儒、蜥蜴和犹太人　　221
第27章 人生课堂中的有益历练　　227
第28章 金钱、幸福与生活　　233

# 序言　PREFACE

一天早上，我的电话响了。当时我正坐在计算机前，全神贯注地读着某家跨国银行的分析报告，这份报告预测了席卷全球的新冠肺炎疫情对市场的影响。

电话是我的编辑打来的。

"嗨！找我有什么事吗？"我问道。

编辑对我说："拉斯，我有个主意。你能写一本关于投资指南的书吗？这本书不是面向专业交易员或职业投资人的，而是面向那些对投资感兴趣、自己也做一点儿投资的读者的。"

"是什么让你突然产生这个想法的？"

"我最近一直在关注你的脸书，看到你恰好在新冠肺炎疫情暴发前卖出了所有股票，从市场下行中获利，然后在底部重新建仓，在随后市场波动中的那一系列操作也很成功。"

我听着，没有立刻做出回应。

"我的意思是……"他接着说，"我敢说，人们一定很想知道，你到底是怎么做出这些成功的操作的，你的投资生涯是如何开始的，你又是如何运用你的知识和经验的。我认为这本书的内容应该直击要害，短小精悍，相对容易阅读，不像你以前写的那些书一样又长又复杂。在这本书中，你就说说你在投资中学到的最重要的事儿，也就是任何一个投资者都该知道的最精华的投资要义。"

"嗯……"我回答，"我明白你的意思，但我恐怕没有什么时间。"

"更重要的是……"我的编辑仿佛没听到我说的话，锲而不舍地继续说，"……我认为很多人都想听听你的意见：投资是不是一个愚者设筵、智者赴宴的零和游戏；还是说即便如此，投资市场的存在实际上对社会也是有益的？"

这句话触动了我的神经。我确实希望有更多的人能够明白，投资交易不仅仅是人们为了同一块蛋糕你争我夺的战场，实际上投资市场为社会提供了不可或缺的功能：它为人们提供了资产的基本保值，帮助人们识别风险，并将资金配置到最需要的地方。

"我真的很愿意写这本书，但时间确实是个问题。我手头要处理的事情太多了。能不能采取这种方式：请一名记者采访我，然后将采访记录编写成书？"我试着问。

编辑同意按照这个想法尝试一下。但由于一些其他方面的原因，这个方案在几个星期后就流产了，新书计划岌岌可危。我甚至打算干脆取消整个写作计划，至少是先搁置。

突然，某一天，我脑海中灵光一闪：在文字输入菜单的顶部不是有一个麦克风按钮吗？

我点击按钮，开始说话。你猜怎么着？这个程序几乎完完整整地把我说的话以文字记录了下来。我继续说话，没过多久就口述了两页纸的内容。看起来非常顺利，这仿佛将我的写作带入了一个美丽的新世界！

我写信给我的编辑，告诉他我很乐意自己来写这本书，而且可以在我们商定的最后期限前完成。

因此，这本书的写作变成了我和计算机之间的"对话"——一种书面有声读物。如果这本书的内容看上去像口述的，现在你就知道这是为什么了。因为它正是以这种方式产生的！

我用 12 天完成了本书的初稿，后来又用 10 天为书稿润色。我的编辑说，整本书比他预期的效果还要好。希望读者也能够认可和欣赏我这 3 个星期的密集工作的成果。

毕竟，这 3 个星期的成果凝聚的是我 40 多年的投资经验。

[ 第 一 部 分 ]

➡ **PART ONE**

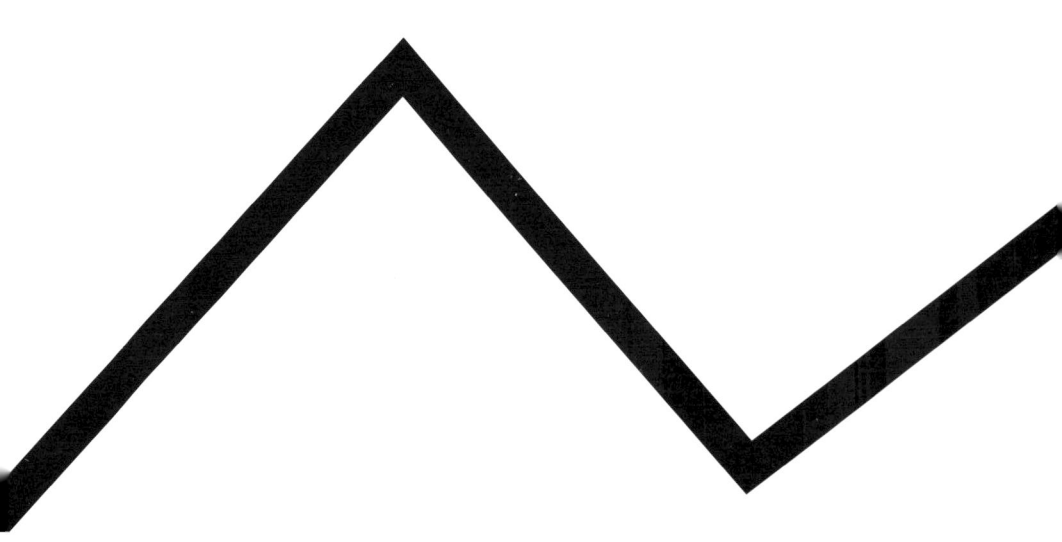

# 世界经济的兴衰

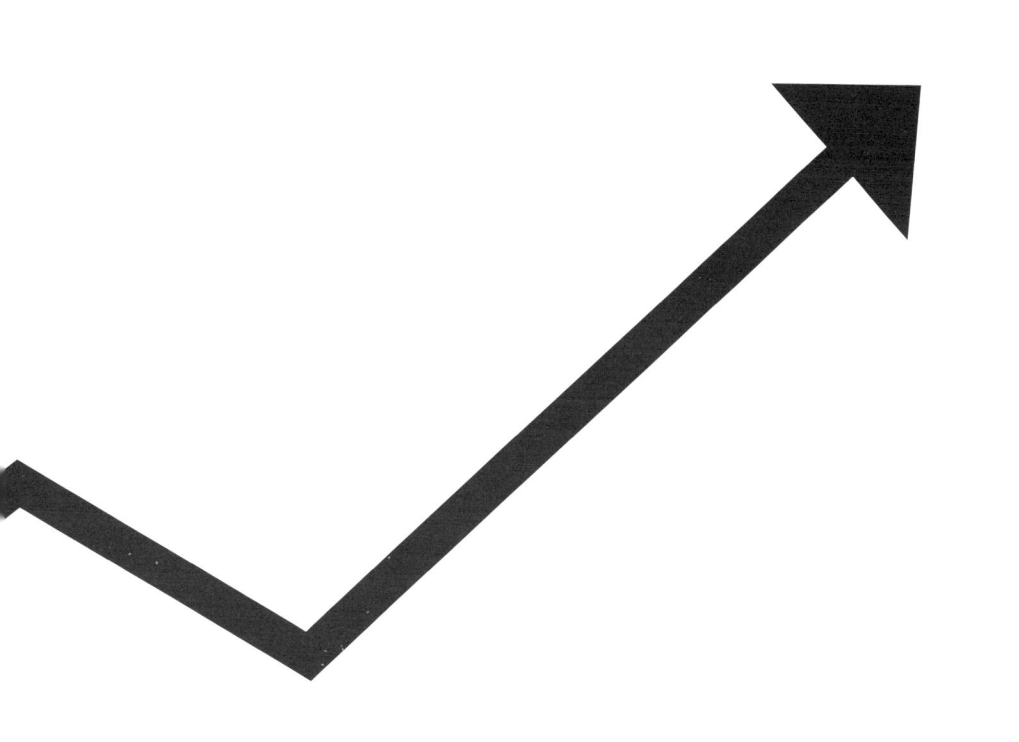

# 第 1 章

## 独一无二

CHAPTER ONE

"你把这一件事做好就行！"

这种绵里藏针的言辞，往往针对那些只负责一件事却搞砸了的人。举个例子，电视正在转播 F1（世界一级方程式锦标赛）的一次停站，屏幕前数百万观众屏息凝神，看着一个可怜的家伙进行着一项简单的操作——用大约一秒钟为汽车更换轮胎。然而，仅仅20秒之后，刚刚换上的轮胎却从车轴上脱落，滚出了赛道。我们很可能会听到有人这样说：

"哎呀！你怎么连这一件事情都做不好？"听到这话的人一定感觉糟透了。

虽然我没有在 F1 赛场工作的机会，但不幸的是，我经历过类似的窘境，对仅仅负责一项简单工作还搞砸了的挫败感，我感同身受。举个例子（其实有很多），18 岁时我曾经在当地的杂货店里帮工，每天早上我只需要干一项工作（或者说成两项也行）：开面包车去附近的镇上，从两个不同的地点取回牛奶和蔬菜，整个路程大约需要 45 分钟。

然而某天，我忘记了其中的一项任务，没取蔬菜就回来了。

我很想忘掉这件事，但杂货店老板脸上的表情始终像梦魇一样在我脑海中挥之不去。我承认这件事对我打击很大，以至在那之后的很长一段时间里，我一直感觉自己是个彻头彻尾的失败者，至少在工作中是这样的。我觉得我的老板也是这样想的。

我讲这个故事的原因是，假如你打算全身心投入股票投资，以获得超越其他投资者的高额收益为目标，那么你只需要做好一件（或两件）简单的事。简言之，就是在经济衰退、市场见顶之前卖掉股票，也就是说，要在一国经济活动收缩之时卖出。这是第一件事。

之后，你只需要像伟大的天才股票投资家内森·梅耶·罗斯柴尔德说过的那样，在"大街上鲜血横流"时再次买入。当毁灭性的消息来临时，每个人都极度悲观，以至歇斯底里或呆若木鸡，这时你只要闭上眼睛买入就行了！这是第二件事。

- **巨大的机会**

投资活动知易行难，因此我们需要更深入地探究一下。

根据经济运行的原理，从长期来看，平均每10年会发生一次一般程度的经济衰退。不幸的是，如果遭遇突发事件，比如战争、剧烈的政治运动或自然灾害，那么偶尔也会发生"额外"的经济衰退。

综合考虑这两种衰退现象的叠加效果，我们发现，一名活跃的投资者在50~60年的投资生涯中，将经历大约五次一般程度的经济衰退和一到两次"世界末日"级别的大萧条。换言之，这期间会发生六到七次经济衰退。也许会是四次或八次，但绝不可能发生三次或十次以上。

以我为例，到2020年初，我一共经历了五次经济衰退。

从某种程度上说，这五次经济衰退我都全身而退。请注意，在第一次衰退中，我就像一只被蒙住眼睛的猴子，幸运地射中了靶心；而在第二次衰退中，虽然错失良机，但至少我没被碾轧。

## 第一次危机：我过早卖出

我投资生涯遭遇的第一次衰退是1973—1974年的石油危机。这次危机属于前文提到的"额外"的突发性衰退，起因是阿拉伯独裁政权突然切断了石油供给。

那时我才十六七岁，还算不上是股票投资者。当时的我正在为了间隔年去南美洲旅行拼命攒钱。我做过厕所清洁工、工厂工人，以及任何我能找到的兼职。我可没有钱投资股票。

于是，1974年夏天，我把我的摩托车托付给一个朋友，乘飞机去了智利，然后我和三位友人踏上了途经秘鲁、阿根廷、乌拉圭、玻利维亚和巴西等国的旅程，当时我们每人每天的预算是3美元。

第二年夏天，当我回到家的时候，我的朋友告诉我，很不幸我的摩托车在我离开期间被偷了。

"我真的非常抱歉。为了补偿你，我给你买了价值800丹麦克朗（约合130美元）的麦格辛·诺德（Magasin Du Nord，丹麦大型连锁百货公司）股票。"我的朋友热情地告诉我。

其实，我内心更希望能把摩托车找回来，而不想要什么股票，但我什么都没说。出人意料的是，股票上涨了！股市迎来了牛市。牛市是个股市术语，指价格涨幅超过20%的市场行情。当然，这是因为石油供给恢复了。我误打误撞赶上了这次牛市，在沾沾自喜了一阵之后，我卖掉了持有的股票，赚到了一笔可观的利润。

顺便说一句，正是这段经历教会了我，不要为了一小笔利润而卖出股票。我卖出股票后，股价继续上涨了很长一段时间。这也是我订阅《经济学人》杂志（而且订阅至今）并开始关注股市的原因。

正是那辆被偷走的破旧摩托车，激发了我潜藏已久的金融市场"赌徒"本能。

**第二次经济危机：没能以低价买入迷人的海滨别墅**

我投资生涯经历的第二次经济危机发生在1980—1982年。那时，我住在哥本哈根北部海岸公路边上一间破旧的大房子里。那间房子虽然是独立的住宅，但地下室已经有些腐坏了，所以租金相当便宜。

不管怎么说，当你23岁时，住在租来的房子里，你基本上不会在意厨房地板上的那点儿腐坏的痕迹，至少我不在意。事实上，那是一段极为美妙的时光：冰箱里总有啤酒，海滩上总有冲浪的人，床上"几乎"总有女朋友。

我们陶醉在啤酒和海风中，梦想着有一天能有钱在海边买下一栋属于自己的房子。顺便说一句，虽然我们租的房子位于公路的靠陆地一侧，但从卧室的窗口向远处眺望，可以看到海滨几栋漂亮的房子。啊！那时我就做出了决定：我会努力工作，在20到30年内买一栋这样的海边大房子。哪怕会过劳死，至少我也是在海景豪宅中离世的。这才是精彩绝伦的生活！

有时，你梦寐以求的机会来得太快了。当时间来到1982年初，经济衰退导致整个丹麦的房价下跌时，我和我的朋友弗兰克突然产生了想买下一栋海滨别墅的冲动。

我们想买的不是之前提到的那种豪宅，而是稍微便宜一点儿的。我们注意到，从海岸公路的一端到另一端，挂着"出售"牌子的房子随处可见。由于经济衰退，富人纷纷破产，于是我们有机会以很低的价格买到一处位于海滨的住所。

让我提供一点儿背景信息。1981年，当整条海岸公路旁边的房屋都在挂牌出售时，我24岁，刚完成农学院的学业，并在丹麦农业和食品理事会找到人生中的第一份全职工作，但这份工作薪水很低，因此，我在农学院谋了一份讲授经济学课程的差事作为补贴。与此同时，我还在哥本哈根商学院攻读工商管理硕士学位。

上大学时，我和几个朋友一同参与了一些经营活动。例如，我们购入蛋糕盒再卖给连锁超市，将防静电清洗剂卖给计算机公司。我还申请了学生贷款，并用借来的钱投资高息抵押债券。这样做有风险，但也产生了可观的利润，我因此存了不少钱。

弗兰克（我之前提到的朋友）成了一名计算机设备销售员，工资比我高很多。我们计算过，考虑到当时房屋大幅降价，如果我们倾尽所有，可以一起负担一套海滨别墅的首付和月供，要么是靠海滨一侧稍微差一点儿的，要么是靠陆地一侧高档一些的。

但最终我们没有出手，因为担心花光所有钱会让我们陷入财务窘境，那样我们的一生就全完了！

结果，现实情况让人追悔莫及，我们担心的财务窘境并没有出现。没过多久，经济危机就结束了，海滨房屋的价格几乎翻了一番，我们错失了良机。

**第三次经济危机：以低价入手了迷人的海滨别墅**

1980—1982年经济危机的10年之后，我经历了投资生涯中的第三次危机：1990—1991年的国际经济危机。

那时，我33岁，对这一次经济危机有着充分的心理准备。一方面，我积累了更多的投资经验，之前萌发的"赌徒"本能也成熟了一些。另一方面，我积攒了更多资金。此外，我出版了《金融心理学》一书，可以说深谙经济趋势。通过研读经济史，我发现了一个惊人的规律：

- 1816年，美国发生了严重的经济危机；
- 接着是1826年；
- 接着是1837年；
- 接着是1847年；
- 接着是1857年；
- 接着是1866年。

这十分耐人寻味，每次危机的间隔时长都惊人地相似，分别是10年、11年、10年、10年和9年。总体来看，在随后的几十年中，尽管略有偏差，但10年发生一次危机的频率最为常见。

换言之，自然的经济周期呈现10年往复一次的规律，我们几乎可以断言，每10年就必然会出现一次衰退。

我们可以称之为"10年法则"。果不其然，上一次经济危机过去10年后，这些迷人的海滨别墅再次以低价出售。不仅如此，我发现自己曾经艳羡不已的房子，正以260万丹麦克朗（约合42万美元）在低价出售。

虽然那时的260万丹麦克朗比现在要值钱得多，但对那样的房子来说，这个价格依然很便宜，那时的我已经完全负担得起。最终，我花了245万丹麦克朗（约合39万美元）买下了那栋拥有私人海滩的迷人住宅，我仿佛置身天堂！

我不由得感慨，这是多么大的福分啊！我期待与我的妻子和我们未来的孩子在这里过上幸福美满的生活。

## 第四次经济危机：在破灭的互联网泡沫中无助地挣扎

过了两年"安居乐业"的生活之后，我遇到了一个令人兴奋的机会，作为合伙人参与瑞士的一个创业项目。因此，我最终决定卖掉我的房子，还从中赚了一笔。（顺便说一句，后来房子的买家以150万美元的价格再次将其卖出，真可恶！）

弗兰克和我启动了瑞士的项目，并把这个项目出售给了投资者。那些投资者后来又把它转卖给了金融服务机构晨星公司。

在那之后，我们又成立了一家精彩公司（The Fantastic Corporation）。1999年9月，这家公司引入了高盛和另外四家银行的投资并成功上市。值得一提的是，在挂牌后的头5个月里，公司股价上涨了10倍，我拥有的账面资产价值一度达到2.1亿美元。

这不是很好吗？但别忘记经济周期的存在。倘若经济危机按固有的规律每10年发生一次，那么2000年前后将发生下一场衰退。

不出所料，2000年2月，股市崩盘，科技股首当其冲遭到了血洗。随着互联网泡沫的破灭，我们的股票价格暴跌，犹如被投入了"绞肉机"。然而在当时，作为公司的创始人，我们持有的股份恰好处于上市后的锁定期，这意味着我们完全不能卖出股票。

让我来描述一下我所说的"绞肉机"。从 2000 年春季到 2002 年秋季，我们公司所在的纳斯达克电信行业板块下跌了超过 93%，我们公司上市所在地德国的 Neue Markt 股票指数下跌了 96%。因此，虽然来之不易的投资知识和经验已经让我预测到了这场危机，但我只能眼睁睁地看着资产不断缩水却无能为力。那滋味真不好受！

## 第五次经济危机：2008—2009年金融危机，我差一点儿就做对了

尽管经历了 2000 年的经济衰退，但之后我又积累了足够的资金，可以启动新的投资了。在接下来的几年中，我投资了各种创业项目，包括在俄罗斯和中国等新兴市场进行的大规模高风险投资。

绝大多数投资的收益都非常可观。例如，2000—2008 年，俄罗斯股市指数上涨了约 1 000%；同期，中国股市指数上涨了约 450%。（见图 1-1）

但有个念头一直在我脑海中盘旋：新一轮经济危机很可能在 2010 年前后造访。

我对自己说，这次我要做好应对危机的万全之策。在那之前，我已经学到一件事：随着经济衰退风险的增加，投资者应该逐渐减少自己的风险敞口。也就是说，我不打算为了在最后时刻以最高价格卖出所有股票铤而走险。

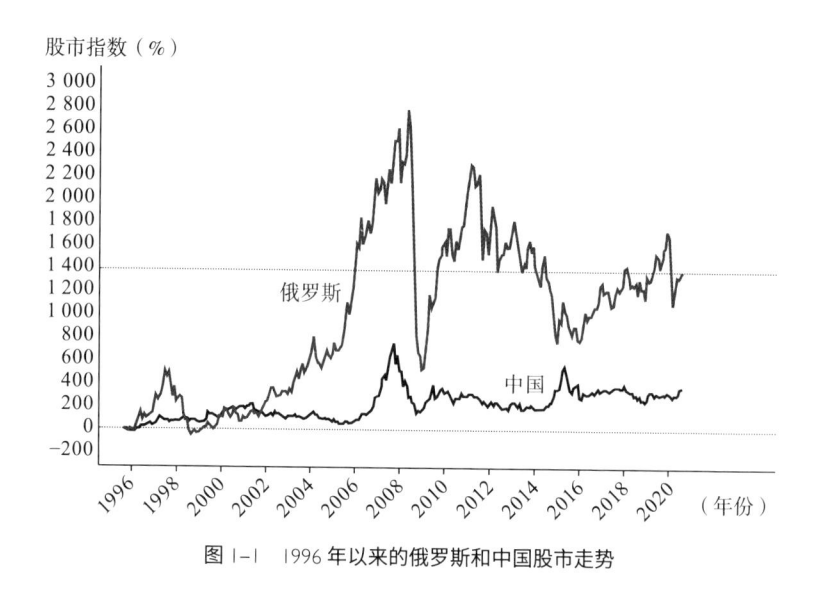

图 1-1 1996年以来的俄罗斯和中国股市走势

于是，2006—2007年，我从股市取出不少钱，花在跑车、私人飞机以及地中海的游艇上。这些奢侈品让我充分地享受了人生（当然，通过这几笔交易，我的上家也赚得盆满钵满）。不过我仍保留了一部分股票投资，我认为上涨趋势可以持续到2010年前后。

但在2008年1月初，某些市场打破了上行走势（见图1-2），促使我用看跌期货完全对冲了剩余的股票持仓。

期货有点儿像赌博合约。看跌股票期货就相当于押注股价会下跌。这是一种较为复杂的技术，但我的目的很简单。由于无法判断股市后续走势是涨是跌，因此我选择对冲所有风险。

几天后，我在苏黎世机场准备搭乘飞机，我的朋友，也是我此前的合伙人彼得·奥纳姆斯打电话告诉我，他刚刚参加完高盛集团在苏黎世举行的投资者年会。会上，高盛集团对接下来一年的经济走势做出了预测。"拉斯,这些年来,高盛头一次对经济做出如此负面的预测。"他告诉我,"他们非常不看好后市。"

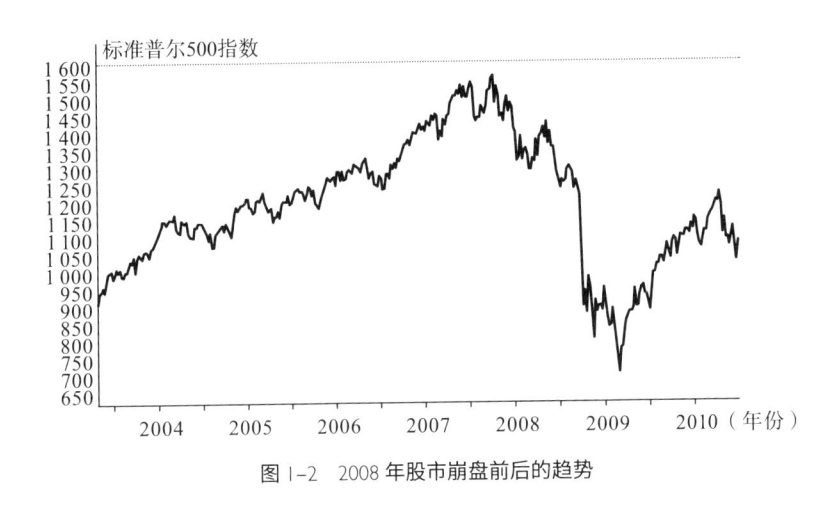

图 1-2　2008 年股市崩盘前后的趋势

一挂断电话,我就趁着排队登机的空当,给我的股票交易商下达指令,让其增加看跌期货头寸。于是我的头寸变成了"净做空"。也就是说,如果股价下跌我就会从中获利。果不其然,从那天起,一直到 2 月,股市一路下跌,我因此获利颇丰。

然而,此后的 3—5 月,股价有所上涨,我的利润日复一日地被蚕食,我不由得紧张起来。

然而,大萧条终于还是来了,股市崩盘,利润如洪水般涌进了我的账户。

顺便说一句,在衰退进行到一半时,我误判危机已经结束,错误地过早建仓又匆忙卖出,这个失误让我损失了大约 800 万美元。

不过总体来说,我以相当不错的状态度过了危机,并在 2009

第一部分　世界经济的兴衰

年以非常低的价格重新建立了我的股票投资组合。以同样的资金，我持有了更多的股票。我当时认为，这个投资组合应该能够持续到 2020 年左右。

没错，我认为能够持续到 2020 年（记住"10 年法则"）。2018 年我在丹麦接受媒体采访时就表示，我预计 2020 年会发生经济危机。

然而，在 2019 年，几乎没有出现任何衰退的预警信号。因此，我开始倾向于认为衰退可能会在 2021 年发生，甚至是在 2022 年。我以满仓状态进入了 2020 年，我把全部资金都投入股票市场。

回想起来，这相当冒险。当你读到这里时，我们都已经知道，2020 年春季新冠肺炎疫情出现，继而股市大跌。

在谈及我的投资在这次股市崩盘中的命运之前，我先讲一个小故事，关于一个人、他的狗，还有狗尾巴的故事。

想象一个人牵着一只开心的狗正在散步。这个人代表世界经济，狗代表经济周期，狗尾巴代表金融市场。我将用接下来的三章讨论这三个要素。

第 2 章

# 可预见的世界经济增长

CHAPTER TWO

世界上最睿智的投资家之一沃伦·巴菲特曾说，永远不要做空美国。当然，他的意思是，你应该始终相信这样一个事实：虽然有战争、危机和经济周期，但美国经济触底反弹后总会变得比以前更强大。趋势就是这样的。

我完全同意这个观点。

事实上，我的观点无关紧要，因为统计数据已经证实了上述论断。事实上，这一原则适用于地球上任何拥有创新活力和自由市场且没过重税收的国家。在这样一个国家，由于持续的创新，人均 GDP（国内生产总值）以每年约 2% 的预期速度增长。GDP 是一个国家所有经济活动创造的价值的总和，它是经济社会中所有商品和服务流通的最终价值。全球 GDP 每年增长约 3%，其中约 2% 来自人均 GDP 增长，1% 来自人口增长，而人口增长的贡献正在逐年减少。

在我看来，意识到这一点至关重要，因为它解释了我们后面将要讨论的各种现象。正是因为这个原理的存在，股市崩盘后总会迅速反弹。

## • 驱动经济发展的因素

短期来看，在数年的时间跨度中，经济增长的主要驱动因素是所谓的要素投入：(1) 参与到劳动力市场中的人口；(2) 资本投入总额；(3) 土地的开发利用规模。例如，退休年龄的延迟、妇女劳动参与率的增长以及失业率的降低都会导致劳动人口增加，从而促进经济增长。加大对机器设备的资本投入也会促使经济增长，更多的机器在运转，更多的土地被开发利用，更多的动植物产出共同驱动了经济增长。

这些驱动经济增长的生产要素投入就像给车辆做了保养，加满了油，然后踩下油门，一路迅猛向前！

但是，我们不可能仅仅通过简单保养和加满油，就让汽车的性能在100年内提高6~8倍。为了实现性能的提升，我们需要制造更新型的汽车，也就是需要不断创新。事实上，1957年，经济学家罗伯特·索洛计算出，只有15%的世界经济增长来自生产要素投入的增加，其余的则要归功于创新。

实践中一个很好的例证就是苏联。苏联曾试图通过增加生产要素投入的手段来刺激经济增长，他们将妇女引入劳动力市场，并将资产从私人消费领域转向发展工业。事实证明，这些措施短期内可以起到刺激作用，但创新乏力阻碍了经济的长期增长。

## • 创新引擎

正如"创新"的字面意思，所谓的创新市场经济以涌现大量的创造发明和许多令人振奋的新生现象为特征。这里我列出了其中一部分：

- 摩尔定律：集成电路上可容纳的晶体管或元器件的数量每18个月就会增加一倍。
- 卡尔森曲线：DNA测序技术的性能翻倍和价格下降的速度，至少与摩尔定律保持一致。
- 罗斯定律：量子计算机的量子比特数的增长速度接近或已经快于摩尔定律，大约每年翻一番；而内文定律断言，该增长速度呈双指数级增长。
- 电池性能每9~14个月增长一倍。
- 库珀定律：某一特定区域内可容纳的无线通信频率每30个月就会翻一番。
- 物联网（IoT）连接设备的数量以每年15%~20%的速度

增长。

- 吉尔德定律：互联网服务的总带宽每12个月就会增加两倍。
- 全球OLED屏幕面积每年增长约30%。
- 海茨定律：每隔10年，LED输出的流明提升20倍，而每流明成本降至初始价格的1/10。
- 在工业生产方面，市场规模每增加一倍，生产率平均提高5%~10%。
- 库梅定律：处理给定数量数据消耗的能量每18个月下降50%。
- 克拉底定律：同等价格的硬盘性能，每年上涨40%。
- 世界上所有的数据量每两年翻一番。
- 尼尔森定律：高端个人用户的网速每年提高50%。
- 计算机存储的价格每年下降20%~30%。
- 自20世纪60年代以来，每1.8年核聚变反应试验的三重积（密度、反应温度和约束时间的乘积）水平增加一倍。
- 齐曼定律：全球科学活动的数量每15年翻一番。也就是说，每个世纪都会增长100倍。

所有这一切都令人振奋。不仅仅是上述我罗列的这些，还存在许多类似的发展规律，为人类经济社会不断发展、实现长期繁荣提供了源源不断的动力。令人惊讶的是，这种发展趋势不会因战争、衰退和危机的影响而停滞。创新的势头在当下以及可以预见的未来都会延续下去。尽管从地域的维度看，创新活动正在越来越多地从欧洲转移到其他地区，向美国，尤其是向中国转移。

当然，由于经济周期的存在，人均GDP不可能保持每年都稳定增长2%。我想说的是，没有过重税收的自由市场经济体的年均增长率约为2%，这是经通货膨胀调整后的实际增长率。

## • 值得信赖的长期增长

从更长远的视角看，以复利计算，2%的年均增长率意味着人均GDP每10年的增长率超过20%。

这实际上是一个很高的增长率，意味着每个世纪人均GDP大约增长7倍（或6倍或8倍）。需要明确的是，这里所指的是经通货膨胀调整后的实际人均经济增长。图2-1显示了自1870年以来美国人均GDP增长。

在图2-1中，左边纵轴是指数轴。也就是说，图上的直线表示，在一定时期内，经济以某一固定速率指数增长。正如图中趋势线所示，经济以恒定的潜在增长率呈指数级增长。

回到本章开头讲述的故事，主人牵着狗向着某一目标前行。请相信我，他们永远不会停下脚步。

这意味着，从长期来看，经济和财富将持续发展，铿锵前行。因此，放眼长远，基于未来世界将更加富有这一预期进行投资是明智之举。你如果认为资源的有限性或其他因素会阻碍经济增长，那么请阅读下一章，我会在下一章讨论这个关键问题。

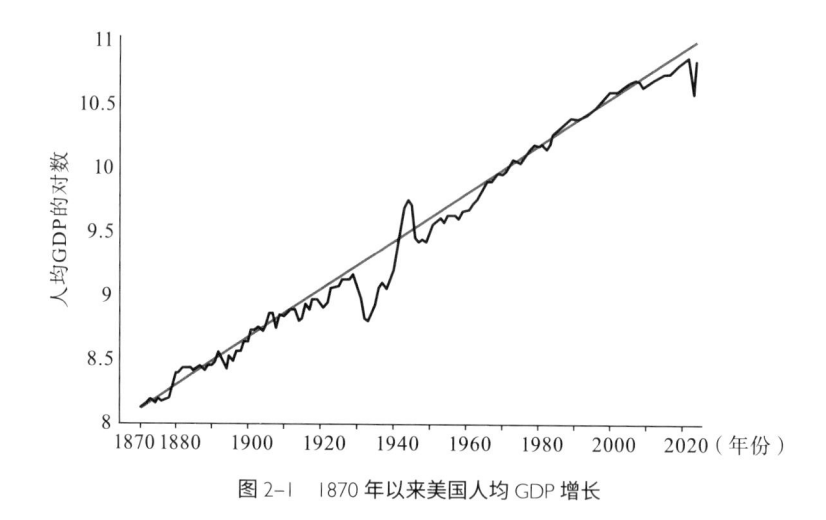

图 2-1 1870 年以来美国人均 GDP 增长

# 第 3 章　　　　　　　　　　　　　　CHAPTER THREE

## 总会柳暗花明，尽管铿锵前行

尽管世界经济保持繁荣发展的大趋势，但仍有很多投资者未能从中获益，因为他们误判经济会陷入停滞。在我们的人和狗的故事中，他们错误地相信主人会间歇性地停下脚步。

铿锵前行会戛然而止吗？

他是不会停下脚步的。

- **对通货膨胀的恐惧**

针对基于未来经济持续增长进行投资，最为常见的反对声音是：中央银行货币超发将导致恶性通货膨胀。这个观念年复一年地出现，它认为末日审判终将来临。因此，明智的做法是防御性地投资金币和罐头食品。理论上这当然有可能发生，而且历史上也确实出现了例证：第一次世界大战之后的德国，以及乌戈·查韦斯统治下的委内瑞拉。

但是，为什么欧盟、美国和日本等没有出现严重的通货膨胀？

说来话长。最重要的原因或许是，在贸易自由、互联网普及的当下，对于能够在世界各国普遍生产的产品，企业很难提高价格。即便它们尝试这么做，也会立即有人以更低的价格抢占市场。任何人都可以便捷地在网上查找并订购他们想要的产品——眨眼间就能从中国或其他成本更低的国家空运过来。

## • 国家债务的威胁

和对通货膨胀的担心一样普遍的，是对政府不断举债的忧虑。

很多人认为："所有的经济扩张都基于举债和谎言。假以时日，沙上之塔终将倾覆，市场必将暴跌。"不可否认，确实有这样的事情发生，但持这种观点的人忽略了两个因素。

首先，国家银行是政府债券的最大买家。换句话说，政府向国家银行举债，而通常国家银行存在的主要目的就是帮助政府举债。实际上，这意味着政府欠自己的钱。然而，这只适用于那些足够强大、能够出售以本币计价的政府债券的国家，例如丹麦。

此外，丹麦等国的大量债券实际上被用于国民的养老金计划，这意味着丹麦国民欠自己的钱。

简言之,这种威胁并不像许多人担心的那样严重。事实上,政府发行政府债券,然后由国家银行购买,主要是一种货币创造机制。这就把我们带回第一个反对意见:对通货膨胀的恐惧(前文已有论述)。

是的,我很清楚,也许我听起来就像个自作聪明的辩护律师,试图用无数个循环论证来解释彼得实际上并没有谋杀布兰达。但布兰达如果能在庭审过程中活生生地出现在法庭上,那么肯定会对这个案子的辩护大有助益。我们必须承认,在过去的几十年里,没有一个主要的现代经济体因为过度举债而破产,或者受通货膨胀拖累,一蹶不振。不仅没有出现上述情况,人均 GDP 和主要股市还大幅上涨,那些预言中的厄运并没有成为主流。

## • 不断被唱衰的世界

还有许多其他原因导致人们认为宏大的"派对"即将结束。根据媒体源源不断的消息,几乎所有东西都要完了。自从 18 岁拥有了我的第一只 Wessel & Vett 公司的股票,关于发生各种灾难的消息便不绝于耳。例如:

(1)蜜蜂快要灭绝了!

(2)事实上,所有昆虫都要灭绝了!

（3）DDT（双对氯苯基三氯乙烷）会让我们得癌症！

（4）包括欧洲在内所有地区的森林都会因酸雨而消失！

（5）太平洋上出现了一个巨大的塑料岛！

（6）埃博拉将成为全球流行病！

（7）我们的咖啡快喝完了！

（8）我们的沙子快用完了！

（9）数百万人将死于李斯特菌中毒！

（10）高压输电塔会让我们得癌症！

（11）世界上很多人将死于艾滋病！

（12）基因工程将导致生态灾难！

（13）地球将因人类而窒息！

（14）我们的煤快用完了！

（15）全球变暖将导致物种灭绝！

（16）马尔代夫正在消失！

（17）我们的稀土快用完了！

（18）数百万人将死于疯牛病！

（19）我们的磷矿快用完了！

（20）手机会让我们得癌症！

（21）我们的工业金属快用完了！

（22）臭氧层正在消失！

（23）我们的木材快用完了！

（24）数百万人将死于核事故！

（25）疫苗会导致自闭症！

（26）我们的食物快吃完了！

（27）第六次大灭绝正在发生！

（28）杀虫剂让我们中毒了！

（29）我们的鱼快吃完了！

（30）我们的天然气和石油快用完了！

（31）空气污染将引发新冰期！

（32）我们的水资源快被耗尽了！

（33）吃鱼会让我们塑料中毒！

（34）千年虫会让人类文明陷入停滞！

（35）噢，不！石棉危害！

（36）数百万人将死于禽流感！

（37）5G（第五代移动通信技术）来了！

（38）更多的极端天气即将到来！

（39）我们的氦气快用完了！

（40）我们的黏土快用完了！

我计算了我们一生将会经历的所有关于资源耗尽、环境恶化和健康威胁的恐慌，得出以下结论：平均每一年半就会发生一次新的恐慌，而我相当肯定这种情况会继续下去。

- **增长会一直持续下去**

然而，值得玩味的是，实际上一切都变得越来越好。例如，自从我购买了 Wessel & Vett 公司的股票，全球平均预期寿命已从 63 岁提高到 72 岁，这着实令人印象深刻。统计数据还显示，总体来看，水和空气变得更洁净了。我 18 岁时，哥本哈根的空气因为含有太多废气而变成了蓝色。每年夏天相关部门都要检验海水中是否含有大肠杆菌，只有海水质量达标，人们才敢去海里游泳，因为丹麦周围的海域经常被废水污染。

此外，值得一提的是，我们对原材料的开采利用也在逐步改善。20 世纪 60 年代以来，人们普遍认为，由于能源枯竭，经济将无法持续增长。

但是，直到现在，原材料也未被用尽，尽管有无数相反的预测，正如全球畅销书《增长的极限》所言，但经通胀调整后的大宗商品价格实际上正在持续稳步下降。在我看来，由于新技术的涌现，这个趋势会持续下去。

更重要的是，在这个星球上，普通居民为获取一堆具有代表性的必备原材料而付出的工作时间正在急剧下降，这正是我们前面提到的创新引擎导致的。

回到人和狗的故事。

创新驱动经济增长。例如，我们的能源供应方式已经从燃烧木材和鲸油发展到依靠化石燃料、铀、太阳能电池板和风力发电机。

在 21 世纪，我们可能会看到更先进、更加安全清洁的核能，这种核能基于钍、氘、氚或质子，它们可以在未来数百万年持续供能，使我们的能源不仅比以往更清洁，而且用之不竭。

另一个非理性焦虑的例子是，有人认为我们的食物即将被耗尽。

1798 年，托马斯·马尔萨斯预言：如果人口继续增长，那么全球将发生饥荒。自从那时起，人们就一直担心全球范围内的饥荒和食物短缺。

奇怪的是，即便有越来越多的人体重超标，这种恐惧也在继续。事实上，尽管人口滚雪球似的不断增长，但是地球上体重过重的人有史以来第一次超过了体重过轻的人。而且，自我出生以来，世界上死于饥荒的人口比例下降了 99% 以上。

尽管自 20 世纪 80 年代以来，全球农业用地没有增加，但我们基本上还是战胜了饥荒。以我出生以来的数据为例，单位土地产出提高了约 70%。与此同时，全球森林面积增长了 7%。如今，企业家和科研人员正致力于在金属器皿中生产人造肉，在室内多层垂直农场中全年不间断地种植农作物。这些技术应用会在进一步减少 95% 以上的农业用地的同时，显著增加食物供给。

我们现在可以非常肯定地断言，到 21 世纪中叶，我们能够用比 100 年前养活 30 亿人少得多的土地养活约 90 亿人口。

- **去伪存真**

我们可以得出如下结论：当从媒体上听到那些耸人听闻的末日预言时，我们需要确保自己配备了谣言过滤器。

当然，媒体本来就依靠哗众取宠谋生，另外还有无数专门贩卖焦虑的灾难预言家，以及一部分天生嗜好刺激或被阴谋论吸引的人。

然而，一个理性的投资者需要建立基于现实的世界观。我认为，应当包括以下理念：

（1）广为传播的灾难预测要么基本上是荒谬错误的，要么言过其实；

（2）长期增长将会持续，并铿锵前行。

因此，概括地说，你不应该把钱藏在枕头下面，担心明天就是世界末日，因而害怕投资股票和其他资产，你完全可以安心分享未来源源不断的股权投资的收益。

顺便说一句，事实上，这个世界越富有，越在很多方面积极向好。

例如，统计数据显示，世界上最富有的国家实际上也是最清洁的国家。这表明，世界如果变得越来越富有，那么也将变得越来越清洁。

最富有的国家往往会不断开发应用新技术，帮助其他国家一同创造一个更富裕、更清洁的世界。财富与创新密不可分。例如，我们通过整合、协同、虚拟、回收、替代等所有你能想到的方式不断探索，使产品更加精简，使资源利用更有效率，使能源更加清洁。

一个很好的例子就是化肥。我们把收割后的农作物从土地中移除，而不是让它们在生长的地方腐烂的做法，会导致土壤缺乏氮元素。在农业发展的早期，为了解决这个问题，当土地肥力耗竭时，人们就会放弃原有的土地，迁徙耕作。后来，人们开始使用人和动物的粪便作为肥料，但这还不够。

幸运的是，人们随后发现了太平洋岛屿上厚厚的鸟粪层，鸟粪层是鸟类和蝙蝠的粪便，含氮量非常高。事实上，美国占据众多太平洋岛屿的原因之一是1856年通过了《鸟粪岛法》，这使得任何发现有鸟粪的太平洋岛屿的美国人都有权将其指定为美国领土。

但是鸟粪这一解决方案无法长期持续下去。人们开始开采硝酸钾，然而这也不是一个永久的解决方案。因此，德国人发明了一种从大气中提取氮的方法。如今，世界上大约1%的能源消耗被用于这一工程。考虑到氮会返回到大气中，这一过程可以无限持续下去。但是，即使这种解决方案如此精妙，未来也可能会被植物基因改造取代，基因工程可能会使农作物从大气中吸收必要的氮，从而永久地解决这个资源问题。

另外，我们的压缩技术也取得了惊人的发展。例如，一款当下常见的手机所包含的技术，在几年前能够装满一整个车库，而且要花费约3 200万美元。或许，我们经济增长中惊人的一部分被投入压缩领域，这听起来有违直觉。

"如何才能让事物在缩减规模的同时保持增长？"

事实就是如此。这也反映在我们对原材料的消耗上。例如，统计数据显示（参考安德鲁·麦卡菲的著作《以少创多》），自2000年以来，美国对化肥、水、铝、镍、铜、钢铁、石头、水泥、沙子、木材和纸张的消耗量显著下降。

创新可以解决很多问题。值得深思的是，事实证明，创新带来的财富增长是最有效的避孕手段。人们越富有，越倾向于生育更少的孩子。因此，增加财富并不是通向衰落的道路，而是解决问题的方法。我们不应该也不会停止增长。

## • 独立求证，独立思考

我的结论是：如果你还年轻，那么在未来50年的投资生涯中，你将遭遇大约35次未曾谋面的恐慌。请乐享其中，姑且会心一笑。

马克·吐温曾说："我一生中的烦恼太多，但大部分担忧的事情却从未发生。"事实正是如此，我遇到的最优秀的投资者有一个共同点：具有强大的精神上的谣言过滤器。这个过滤器会让他们总是眯起眼睛思考：这是真的吗？这符合常理吗？这是谣言吗？

然而，这些恐慌通常都是子虚乌有的谣言。因此，我需要不断训练自己精神上的谣言过滤器。当人们谈论"太平洋上出现了一个巨大的塑料岛"或"世界出现了前所未有的高温天气"的时候，我会眯起眼睛判断真伪。活得越久，我就越相信，很多人们认为真实的、自然而然的或合乎逻辑的东西，实际上是信息不足、人云亦云或洗脑的产物，简言之，其中大部分都是谣言。

作为投资者，你需要独立思考。在我看来，人和他的狗会不屈不挠地铿锵前行。

第 4 章 CHAPTER FOUR

# 经济趋势的复杂性

让我们假定一人一狗同行的情形。人代表长期经济趋势,从长期来看,经济由于新技术的不断涌现而持续增长,不受外在因素影响。然而,狗会围着人跑前跑后,正如经济循环中的周期性运动。

- **从危机理论到经济趋势理论**

为什么经济趋势确实存在?

1862 年,一位叫克莱门特·朱格拉的医生写了一本划时代的关于经济趋势的著作。在此之前,所有经济学家都认同:每一次席卷全球的金融危机都有其独特的缘由。然而,朱格拉认为,即便没有触发因素,经济也会自发地波动。事实上,他认为繁荣和衰退互为因果:

经济繁荣为经济衰退埋下了种子，而经济衰退孕育了下一次繁荣。

朱格拉的分析最初被认为是天方夜谭，但随着时间的推移，这一观点逐渐被主流经济学家接受。1933 年，经济学家拉格纳·弗里希提出了以下关于经济趋势的描述：经济发展就如同一个摇摆木马，这个木马会随时被木棍击中，但在经历了剧烈而短暂的击打之后，木马的运动变得更为缓和并呈现出周期性，这是其内生动力的表现。

这里要注意所谓的"内生动力"。木马会反复摇摆，但不会随机颤动。因此，无论是木马的运动轨迹还是一国的经济走势，都可以用数学公式来描述，这也适用于描述海上波涛和海底地貌。为什么海风和洋流会在海面上形成富有节奏的海浪，在海底产生优雅起伏的沙床？正是因为同摇摆木马、经济走势一样具备天然的内生动力，它们才能创造周期性的趋势运动。

目前，包括我在内的大多数经济学家普遍认同：即使没有外部因素的冲击，一国经济也会经历周期性波动。拉格纳·弗里希理论的认同程度甚至超过了他原本的预期。

## • 番茄酱效应

在实践中，我们可以用番茄酱效应来描述一国的经济周期。你一定有过这样的经历：当想从瓶子里倒出番茄酱的时候，头几次你往往会徒劳无功，什么都没倒出来；然而，当越来越用力地摇晃瓶子时，你会突然倒出太多番茄酱来，真要命！

类比经济中商品短缺的情景：如某个区域的办公用房或某种新产品的供给出现不足。就像从瓶子里倒不出番茄酱，在短缺时人们什么都买不到。许多精明的商人认为出现了获利机会，于是他们不断地疯狂投资。几年后，他们终于做好了出租办公用房或卖出产品的准备。

然后，具有讽刺意味的一幕出现了，市场上突然出现了过多的办公用房或产品，就像突然间喷涌而出的番茄酱。接下来，价格暴跌、业绩下滑、银行坏账累累，经济由此陷入衰退。

## • 财富幻觉

我们还需要考虑财富幻觉。经济繁荣往往会导致收入激增，于是人们有了更多的钱用于投资，从而导致房地产和股票价格上涨。这是投资者所乐见的，但资产价格的上涨会对投资者形成巨大的心理诱惑，他们会去购买更多资产，这使得资产价格被越推越高。财富幻觉由此产生。

从资产的账面价格看，愈加繁荣的经济使得人们变得更为富有。于是，他们开始借款，用于购买更多的房产和股票。这会刺激贸易和实业的增长，进而给人们带来更高的收入。

在某种程度上，这是一种良性循环（如图 4-1 所示），因为它创造了更多的安全感、幸福感和工作机会，这是多么美妙！

因此，投资获利让许多人变得更加富有。由于处于经济繁荣时期，公司利润不断攀升，劳动力供不应求，人们因此能够获得更高的工作报酬。虽然部分新增财富可能仅出现在账面上，但对个人来说，富有的感觉相当真实，因为他们可以随时出售房屋或股票来变现。

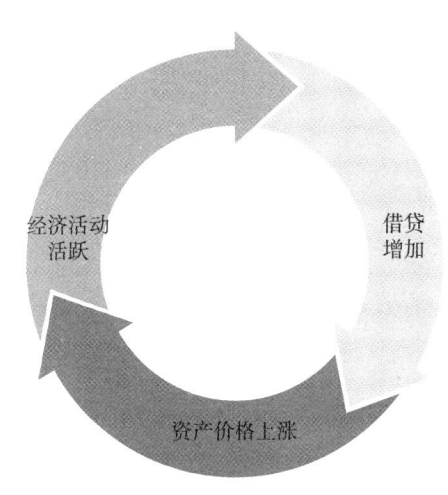

图 4-1　良性循环

- **财富效应**

如果单纯储蓄，那么你的钱只是以现金或银行存款的形式存在。但如果进行投资，它们就会以"资产"的形式存在，例如股票、债券或房地产。所幸，人们会大规模地投资，下面我们将量化这个情形。

在全球范围内，资产总值通常是全球 GDP 的 4~5 倍。然而，这种情形一般出现于经济大繁荣的末期，在经济大衰退的时候则较低。

基于整体上的"财富效应"，4~5 倍是相当可观的，会对经济走势产生实质性的影响。一般来说，我们认为一国公民的财富每增加 100 美元，会拉动大约 4 美元的消费和投资增长。

虽然看起来形势喜人，但这种经济繁荣进程暗藏危机。当经济过热，达到拐点时，许多人和公司不得不同时出售资产以增加流动性。此时，良性循环变为恶性循环，整个经济开始走向与创造安全感、幸福感、就业机会和财富积累背道而驰的方向。比如，人们开始纷纷甩卖海滨别墅。

这会导致怎样的后果？在一个典型的经济周期中，资产价值会随之波动，振幅通常达到 GDP 的 150% 左右。因此，由于财富效应的作用，GDP 总量将相应下降约 6%。然而，在现实世界中，政府和中央银行往往会出手干预以缓解下行压力对经济的冲击，例如，政府会采取减息、增发货币、购买债券和转移支付等干预手段，GDP 总量实际下降的幅度并不会那么大，因为政府不会坐视不管。

- **债务通缩**

在这种情形下，我们必须认识到，经济繁荣给社会整体财富带来的部分增长实际上是人们的幻觉。当危机来临时，所有人，不仅仅是你和我,都在抛售资产(如海滨别墅),这些资产的价格必然会下跌。

因此,从整体看,如果投资者的操作趋同,每个人都能从中获利的目标就不可能实现。

实际上,问题往往更严重,因为每个人都试图立刻减少债务,这很容易导致衰退和通货紧缩。与通货膨胀相反,通货紧缩意味着价格下跌,意味着与一定数量的债务相对应的商品数量会不断增加。因此,以购买力衡量,通货紧缩下总体债务的负担实际上更重。经济学家欧文·费雪在20世纪二三十年代就指出了这一点,他认为:"债务人付的钱越多,欠的钱就越多。经济巨轮一旦倾斜,事态就会越来越严重。它没有自我纠正的能力,只会愈演愈烈。"(如图4-2所示。)

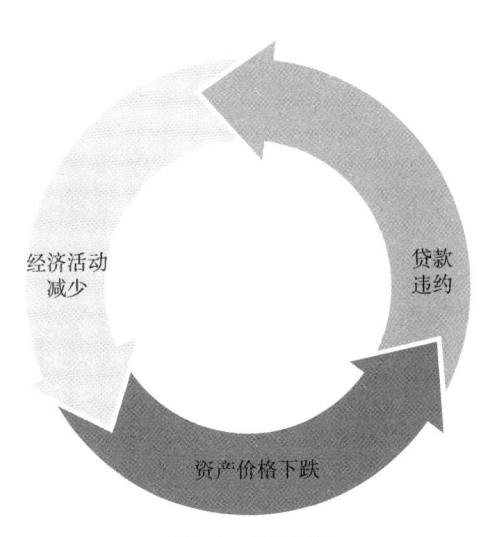

图4-2 恶性循环

这一现象也是经济周期存在的众多原因之一。

- **均值回归**

现在，抛出一个好问题（至少我是这么认为的）。如果狗向前跑，那么它会不会拉着人，让人也向前走？换句话说，暂时的市场周期变动会对长期经济增长率造成持续的影响吗？

你可能会认同。然而，事实证明并非如此。在长期经济趋势走势图上，我们可以明显地观察到，经济总会倾向于回归每年2%左右的基础增长率（人牵着他的狗稳步前进的速率）。如果在一段时间内，经济年增长率低于2%，那么未来必然会出现一段经济年增长率超过2%的时期，以弥补此前的低迷，反之亦然。

因此，从长远看，总是人在控制狗，而不是狗在控制人。这是沃伦·巴菲特比大多数人都更清晰地领悟的道理之一，因此，他被公认为是世界上最杰出的投资家之一。尽管所有经济体的长期增长趋势都无一例外地表明了这一点，但仍有许多人拒绝相信均值回归。在作为一名投资人的职业生涯中，每当危机发生时，我都会遇到许多笃信这一次事情会变得不一样的人。你可以称这为"历史不会重演"综合征。

出于同样的原因，他们也不相信危机过后股市会自发弥补损失，回到长期趋势线附近。

然而，事实上，这次也不会有什么不同，情况终将恢复至惯常状态，我们终将无法摆脱"均值回归"效应。

结果总是人在教训狗。几乎所有的危机之后，经济以及市场都会竭尽全力弥补损失。图4-3就显示了股票价格总是围绕着长期趋势线波动的现象。

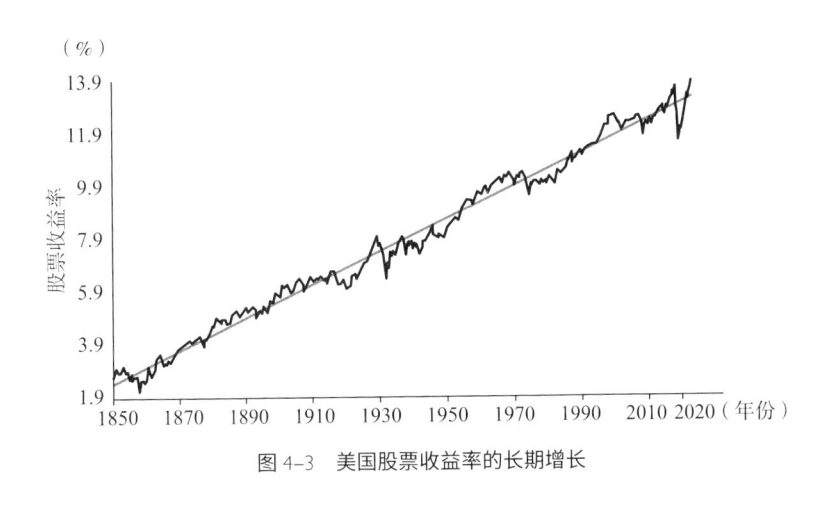

图4-3　美国股票收益率的长期增长

为什么会这样？为什么经济很少会因衰退或萧条而遭受持久的重创？这似乎很奇怪，因为在经济衰退中很多人会失业，这肯定会导致财富损失和大批公司破产，最终导致国家承担债务。难道这一切不会让金融体系产生很难自行消失的疤痕吗？当一个膝盖受过严重伤害的足球运动员回到赛场的时候，他是否无法重返巅峰了？

## • 衰退刺激增长

答案是否定的。原因之一是，经济衰退使许多生产要素变得更便宜了。因此，我们能够以更低的成本获得工厂、劳动力等，对于这一点我有亲身体会。突然间，人们可以得到熟练的劳动力和廉价的办公场所，这在经济衰退前是无法实现的。另外，利率也会下降，这意味着融资成本会更低。当然，在经济衰退中，销售会变得很困难，但除此之外，几乎所有事情都变得更加容易了。这就是为什么那些世界上最好的公司和产品往往都是在衰退中诞生的，通用电气、通用汽车、迪士尼、IBM（国际商业机器公司）、凯悦酒店、惠普、微软、WhatsApp（一款聊天软件）、Instagram（照片墙）、优步和Pinterest（拼趣）都属于这种情况。当成立或问世时，它们的销售可能举步维艰，但创造新事物却相对容易得多。

当经济衰退时，效率最低的公司会最先倒闭，能力最差的经理人会率先失业。这就意味着，当贸易和工业再次复苏时，商业运转的效率会比以往更高。就如同我已经节食一段时间，减掉了不少腰腹上的赘肉，于是我跑得更快了。

但是，如果效率较高的公司在经济衰退期间不幸破产了呢？通常情况下，员工和投资者都能迅速重建他们的技术和商业模式，这些技术和商业模式通常是经过优化的版本。

这还不是事情的全部。业务流程被精简，伪工作被消除，烦冗的结构被淘汰。这也解释了为什么有些国家，如二战后的德国和日本，会在战后经历巨大的增长。

最后，虽然很多人遭受困难，但统计数据显示，在经济衰退中，人们往往会增加储蓄。例如经济萧条导致失业率从3%上升到8%，虽然这很糟糕，但请记住，仍有92%的人在工作，他们会更为审慎，节衣缩食，由此银行储蓄会大大增加。但是无须担心，一旦恐惧情绪消失，这些资金就会再次源源不断地流入市场，就像喷涌而出的番茄酱。

差点儿漏掉最重要的一点。在经济衰退期间，创新不会停止。当然，某些项目会被叫停。但同时，一些人又开始编织梦想了。危机使人们和企业变得更加足智多谋。我再强调一遍：在经济萧条时期，销售可能会很艰难，但在"世界末日"来临之时，企业更容易涅槃重生。

## • 一线曙光

我必须强调，尽管投资者可能知晓10年法则的存在，但在经济趋势的波动中，大多数人很难做到游刃有余。在现实世界中，掌握经济周期往往比牢记杂货车上蔬菜的摆放位置要困难得多，甚至可能比在一纳秒内给一级方程式赛车换轮胎还要困难，也更为复杂。要具备能够应对经济趋势的能力通常需要大量的投入，也许拥有人工智能程序和可获得海量数据的计算机可以做到这一点，我们普通人恐怕很难做到。

在下一章，我们将了解一些易于掌握的简单而关键的规则。这些规则至少能防止我们在市场即将上涨时抛售资产，而在市场即将暴跌时买入资产。

# 第 5 章　　CHAPTER FIVE

## 实践中的经济周期

每个人都需要了解经济周期，这一章我将谈谈我的看法。经济周期按照驱动因素不同可以分成三种类型：（1）库存；（2）资本投资；（3）房地产投资。下面我们将详细讨论这三种类型。

- **库存周期**

第一类经济周期是库存周期，其含义一目了然。它和制造业库存相关，如汽车、建筑材料等行业，通常占一国 GDP 的 6% 左右。

当经济加速增长时，库存无法满足需求；而当经济陷入停滞时，库存变化就会出现"番茄酱效应"，就像其他周期性变动的因素一样。然而，库存周期变动相对比较温和。

- **资本投资周期**

第二类经济周期是资本投资周期，它与企业对机器设备的投资有关，在现代经济体中，约占经济总量的 10%。资本投资的规模比库存更大，而且需要比库存更长的计划和交付时间，因此会引起更强的"番茄酱效应"。资本投资周期的变动相当大，至少是库存周期的两倍。

- **房地产投资周期**

第三类经济周期是与房地产市场相关的周期，其变动更大。

首先，房地产市场的规模很大。在发达经济体中，房屋建筑及养护行业通常占 GDP 的 12%，其中 9 个百分点来自私人住宅，3 个百分点来自商业房地产。通常，建筑行业直接吸纳了 5%~6% 的社会劳动力，同时还涉及许多衍生工作，如室内装潢、房地产中介和金融业等。此外，房地产市场的规划期比资本投资更长，因此"番茄酱效应"也更强。

更为重要的是，房地产往往通过大量抵押举债融资获得资金，房价下跌会引发多米诺骨牌效应，给包括银行在内的金融机构带来巨大的损失。因此，房地产危机几乎总会演变成金融危机，后者正是银行破产的潜台词。

金融危机会引发更广泛的危机。因为如果银行破产了，各行各业的破产就会纷至沓来。就像发电厂和自来水厂一样，银行具有公共事业属性。对经济运行来说，资金不能正常流动和缺电缺水一样严重。

这就是三种类型的周期。如果我们把它们比作海浪的运动（写这段文字时，我正在克罗地亚的一艘船上），它们分别像水面上的涟漪、翻涌的海浪，以及吞噬一切的滔天海啸（见表5-1）。

表5-1 三种类型的经济周期

|  | 库存周期 | 资本投资周期 | 房地产投资周期 |
|---|---|---|---|
|  | （水面涟漪） | （海浪翻涌） | （滔天海啸） |
| 平均持续时间 | 4.5年 | 9~10年 | 18~20年 |
| 对股票市场的影响 | 微小 | 严重 | 极其严重 |
| 对房地产市场的影响 | 无 | 微小 | 极其严重 |
| 对政府债券市场的影响 | 无 | 积极 | 非常积极 |
| 对商品市场的影响 | 无 | 略微消极 | 极其严重 |
| 银行危机 | 无 | 无 | 有 |

## • 不可能完成的任务？

也许你会认为，即使是专家也不可能完全预测到经济变动，因为有三种不同的周期，每一种都有自己的频率。如果你是一个数学爱好者，那么你可能会认为这有点儿类似于"三体问题"：计算三个不同物体（如太阳、地球和月球）如何通过重力影响彼此的运动。这是一个极其困难的任务。所以，预测经济变动不就是"不可能完成的任务"吗？

- **锁相**

但奇怪的是，事实并非如此。有一种叫"锁相"的现象，它指的是：一些初始相关的进程被锁定在彼此的节奏中，从而创造出强大而统一的运动。

例如在爵士乐演奏中，即使没有指挥，音乐家也善于遵循同样的节奏，这就是锁相。它可以包含多种不同的频率，例如，鼓手可以按照基本节奏的倍数打鼓，比如每小节两拍、四拍或更多节拍。

在音乐会上，当音乐家演奏完毕时，锁相现象依然会持续下去。当和其他观众一同鼓掌时，你会发现，在没有指挥的情况下，你们会自然地以同样的节奏鼓掌。

- **经济的节奏**

回到对三类经济周期的讨论。不同经济周期具有绝佳的锁相基础，因为它们的频率是彼此的倍数。库存周期平均为4年半，是资本投资周期（平均9~10年）的一半，资本投资周期又是房地产投资周期（平均18~20年）的一半。

"多么奇怪！它们之间居然有如此精确的倍数关系！"你可能会这样想。我认为，这正是不同经济周期之间存在锁相关系导致的。无论如何，经济发展都有其自然的基本节奏，如表5-2所示。

表5-2 三种经济周期的节奏

|  | 0年 | 5年 | 10年 | 15年 | 20年 | 25年 | 30年 |
|---|---|---|---|---|---|---|---|
| 库存周期 | × | × | × | × | × | × | × |
| 资本投资周期 | × |  | × |  | × |  | × |
| 房地产投资周期 | × |  |  |  | × |  |  |
| 结果 | 海啸 | 涟漪 | 海浪 | 涟漪 | 海啸 | 涟漪 | 海浪 |

换句话说，大约每10年我们就会经历一次比较严重的衰退（海浪翻涌）；在每两次比较严重的衰退中，往往有一次是极其糟糕的（滔天海啸），因为涉及房地产周期波动。这些极其严重的海啸级危机平均每20年左右发生一次。

我应该补充说明一下，投资者都对40~60年的长期经济周期理论有所耳闻，这种理论又被称为康德拉季耶夫周期。然而，无论是在统计数据上还是在经济理论中，我都没有发现任何支持这一周期的事实，大多数经济学家也不认同康德拉季耶夫周期理论。康德拉季耶夫周期理论就像《歌剧魅影》中的幽灵，听起来颇具戏剧性，但我觉得纯属臆测。

## • 经济复苏的主题

在两次经济危机之间，投资者通常有大约 8 年稳定向好的投资期，在此期间，市场会呈现增长态势。周期间隔时而略短，时而略长。例如，2009 年的低谷和 2020 年的峰值间隔了 11 年。

重要的是要意识到，牛市的背景一般会催生一个引领市场的强势主题。在漫长的投资历史中，这些主题范围甚广，包括郁金香球茎、大宗商品、房地产、运河、出口项目、矿山、羊毛、铁路、建筑用地、小麦、重工业、航运、创业公司、银行股、阿根廷股票、黄金和白银、金矿股、咖啡、办公建筑、油轮、飞机、铂金、美元、互联网、电信和科技股、新兴市场和政府债券。

我个人的"核心主题"是 20 世纪 90 年代的互联网、电信和科技股，以及 21 世纪初的新兴市场和大宗商品。

然而，我已经想不起来 20 世纪 90 年代我投资科技股的原因了，但我还清楚地记得，是什么让我在 21 世纪初选择了新兴市场和大宗商品。

这一切始于 2001 年 1 月《华尔街日报》封底的一篇短文：分析师对多个股市的平均预期市盈率（P/E）进行了评估。市盈率代表价格收益比，即股票价格除以每股收益。如果一家公司的股票市值是 1 亿美元，而它的年收益是 500 万美元，那么市盈率就是 20（1 亿除以 500 万）。远期市盈率指的是当期股票市值除以经济学家对公司明年收益的预期。在某种程度上，股票的价格取决于关键经济指标的表现。在同等条件下，市盈率越低，股票就越有投资吸引力。

毋庸置疑，市盈率（P/E）中的收益（E）可以被操纵。例如，公司的收入受到折旧方法的影响。也就是说，对客户尚未支付的账款是否全部确认为收入，以及对库存的估值方法，都会对收益产生影响。但这篇文章讨论的不是单个股票的远期市盈率，而是一国股市的市盈率。你投资组合中的股票越多，市盈率被操纵的不确定性越低。

回到《华尔街日报》的那篇文章。日本股票市场的市盈率已经高达天文数字，而其他市场的市盈率一般只有 20 左右，这是相对正常的市盈率水平。接下来是亚洲和拉丁美洲的新兴市场，市盈率通常为 6~10。

后者看起来很有投资吸引力。

然而，有一个特别的市场让人印象非常深刻。俄罗斯股市的市盈率仅为 2！

市盈率为 2 意味着每年的投资收益率为 50%。这太有诱惑力了！高盛资产管理公司的负责人吉姆·奥尼尔对此也进行了大量分析，并提出了"金砖四国"（BRIC）这个概念，它代表巴西、俄罗斯、印度和中国。奥尼尔的判断十分有说服力，他认为金砖四国将迎来巨大的增长，同时也会引发对大宗商品需求的爆炸式增长。

读完第一篇分析文章后，我开始关注和搜集更多关于俄罗斯市场的分析信息。最终我得出结论，俄罗斯市场的远期市盈率约为4.4，也就是能够带来23%的年收益率。虽然没有之前那么高，但依然很有吸引力。而且根据奥尼尔的分析，未来的收益还有飙升的可能。

于是我当机立断，迅速成立了一家名为"白鲸"（Beluga）的公司，大量买入俄罗斯股票，就像在囤积廉价的鱼子酱。

**从题材到蠢材**

主题驱动的投资思路存在一个问题，那就是它往往会演变成非理性的投资闹剧，一般我们称为"泡沫"。表 5-3 列举了曾经发生的一些泡沫及崩溃。

表5-3　463年来的泡沫、金融危机和股市崩盘

| 年份 | 国家 | 投机对象 |
| --- | --- | --- |
| 1557 | 法国、奥地利、西班牙（哈布斯堡王朝帝国） | 债券 |
| 1636 | 荷兰 | 主要是郁金香球茎 |
| 1720 | 法国 | 西方公司、中央银行、皇家银行 |
| 1720 | 英国 | 南海公司 |
| 1763 | 荷兰 | 原材料（基于交换） |
| 1773 | 英国 | 房地产、渠道 |

续表

| 年份 | 国家 | 投机对象 |
|---|---|---|
| 1773 | 荷兰 | 东印度公司 |
| 1793 | 英国 | 渠道 |
| 1797 | 英国 | 证券、渠道 |
| 1799 | 德国 | 通过空头支票融资的大宗商品 |
| 1811 | 英国 | 出口项目 |
| 1815 | 英国 | 出口、原材料 |
| 1819 | 美国 | 一般制造行业 |
| 1825 | 英国 | 拉丁美洲债券、矿山、羊毛 |
| 1836 | 英国 | 羊毛、铁路 |
| 1837 | 美国 | 羊毛、土地 |
| 1838 | 法国 | 羊毛、建筑用地 |
| 1847 | 英国 | 铁路、小麦 |
| 1848 | 欧洲大陆 | 铁路、小麦、房地产 |
| 1857 | 美国 | 铁路、土地 |
| 1857 | 英国 | 铁路、小麦 |
| 1857 | 欧洲大陆 | 铁路、重工业 |
| 1864 | 法国 | 羊毛、航运、新兴公司 |
| 1866 | 英国 | 羊毛、航运、新兴公司 |
| 1873 | 德国、奥地利 | 建筑用地、铁路、股票、大宗商品 |
| 1873 | 美国 | 铁路 |
| 1882 | 法国 | 银行股 |
| 1890 | 英国 | 阿根廷股票、债券发行 |
| 1893 | 美国 | 黄金与白银 |
| 1895 | 英国、欧洲大陆 | 南非和罗得西亚金矿股票 |
| 1907 | 美国 | 咖啡、联合太平洋公司股票 |
| 1921 | 美国 | 股票、船舶、大宗商品、库存 |

续表

| 年份 | 国家 | 投机对象 |
| --- | --- | --- |
| 1929 | 美国 | 股票 |
| 1931 | 奥地利、德国、英国、日本 | 各项投资 |
| 1974—1975 | 全球 | 股票、办公建筑、油轮、飞机 |
| 1980 | 全球 | 黄金、白银、白金 |
| 1985 | 全球 | 美元 |
| 1987 | 全球（日本除外） | 股票 |
| 1990 | 日本 | 股票、货币 |
| 1997 | 亚太地区 | 房地产、各类投资 |
| 1997 | 俄罗斯 | 一般性的过度投资 |
| 1999 | 巴西 | 股票 |
| 2000 | 全球 | 互联网、电信及科技股 |
| 2002 | 阿根廷 | 股票 |
| 2007—2010 | 美国、欧洲 | 房地产、衍生品 |
| 2008—2009 | 迪拜 | 房地产 |
| 2008—2011 | 全球 | 房地产（次级）、金融机构 |
| 2009 | 丹麦 | 政府债券 |
| 2010 | 委内瑞拉 | 银行、一般投资 |
| 2014 | 俄罗斯 | 货币、股票、石油 |
| 2020 | 新冠肺炎疫情蔓延地区 | 线上服务以外的其他所有领域 |

表5-3罗列了过去463年中出现的51次泡沫和危机，相当于大约每9年出现一次。这意味着，如果你在某一热门主题上的长期

投资收益颇丰,那么你往往会以泡沫破裂收场。需要注意的是,这张表格只列出了影响最大的泡沫和危机,但事实上,在特定区域或规模较小的市场中,更多的泡沫将会产生。让我们看看近些年的情况:2008年油价飞涨,在短短6个月内油价飙升至每桶145美元,随后又暴跌至每桶30美元;然后是黄金,2011年黄金价格达到顶峰后回落;接下来的主题是2014—2015年的中国股市,以及2017年的比特币。

如果你投资了价格一路攀升的郁金香球茎或俄罗斯股票,虽然坚持持有的预期收益令人垂涎,但我的最佳建议是逐步投资,不要试图猜测价格会在何时达到顶峰。

图5-1显示了泡沫的生命周期。

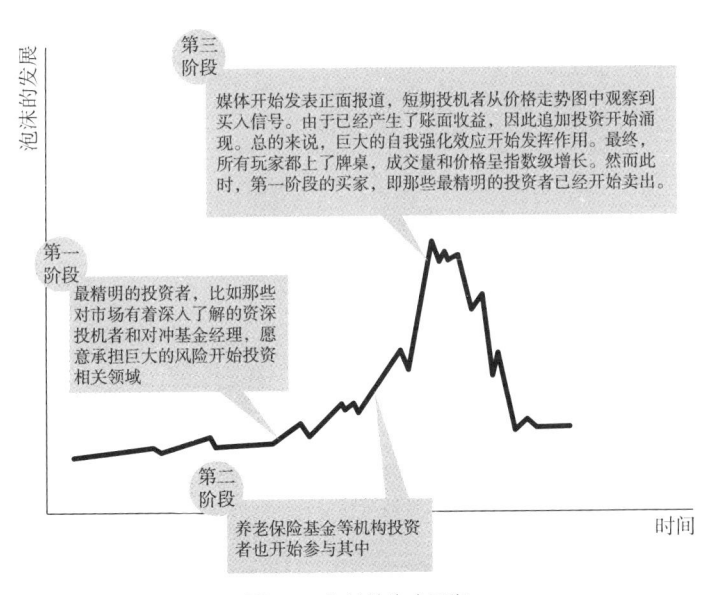

图5-1 泡沫的生命周期

- **转向的时机**

说到时机，在经济周期转向之前，一些早期预警信号会出现。经济学家称这些信号为"领先指标"，最先转向的领先指标被称为"早期领先指标"，包括货币供应、消费者信心指数、新颁建筑许可证数量和每周平均工作时间。

预测经济周期本身就称得上一门科学。据我所知，每一家受人尊敬的大型银行都有一个类似于彩灯的预警系统，用来预测未来经济逆转的征兆。这个系统一般会呈现为一个包含大量指标的面板。在繁荣的起始阶段，每项指标都显示为绿灯。然后，早期领先指标开始一个接一个地变成黄灯。接下来的特征是，早期领先指标变成红灯，领先指标变成黄灯。随着黄灯和红灯的不断涌现，股市开始崩盘，随后实体经济陷入崩溃。

请注意这里的先后顺序：先是股票市场，然后是实体经济。其实，股票市场本身也是一个领先指标，准确地说，应当是临近交界线的早期领先指标。

- **股市是晴雨表，而不是温度计**

正如前文所述，股市具有前瞻性。因此，股市价格也是最有价值的领先指标之一，它们可以预示未来的经济状况。事实上，它们是一国经济学家使用的关键性预测工具。

但这是许多人难以理解的问题。试想一下,春寒料峭的一天,风雨交加,天气阴冷。突然,你发现你的搭档把泳衣拿了出来。

"你在忙什么呢?"你不解地问,"难道你看不出来今天不是游泳的好日子吗?看看温度计吧,气温只有15摄氏度!"

"是的。"你的搭档回答,"可你看过晴雨表了吗?高压天气即将到来,预示着明天会有好天气,气温回升,风和日丽。所以,我们去海滩吧。"

再来看看这些经验数据:

- 平均而言,股市在经济到达峰值前大约9个月见顶。
- 平均而言,股市在经济触及最低位的大约5个月之前触底。

因此,你绝对不该通过分析当下的经济形势来投资股票,而是应该着眼于未来去精准预测。

你可能会感到好奇,为什么股市预示经济高峰要比预示经济低谷提前得更多?

首先,经济繁荣具有巨大的惯性。即使已有迹象表明潜在问题开始显现,但很多项目决策(比如建筑及固定资产投资)早已做出,目前仍在推进。因此,在投资者察觉到预警信号后,经济的高涨很可能会持续一段时间。而在经济低谷期则没有类似的情况,转折点的到来通常是私人消费增加带来的结果。

回到故事中的狗尾巴上。股市见顶和触底时的价格变动模式也表现得有所不同。多数股票的价格会在经历几个月的反复震荡后到达高点，在这之前不会呈现明显的上升或下降趋势。此后，价格会从高点掉头向下。

股市在低谷时的反转往往会更迅速，在多数情况下，价格会出现明显的转折点。

- **关键性规则**

以下是我总结的市场变化中一些最重要的规则：
- 平均而言，包括债券价格在内的早期领先指标在经济见顶前14个月左右发生转折，在经济触底前8个月左右发生转折。
- 领先指标通常在经济见顶前6~8个月开始下滑，在经济触底2~4个月之前触底。
- 正如前面提到的，平均来看，股市在经济见顶前9个月左右见顶，在经济复苏前5个月左右触底。
- 在房地产周期下跌的尾声，库存触底通常会与建筑开工数量复苏同时出现。这是宏观经济复苏的另一个领先指标。

这是一个被高度提炼的精简版。我在《逃不开的经济周期》一书中做了完整的阐述，但现在你不用阅读那本书了！

不用客气。

# 第 6 章

# 理性的歇斯底里

CHAPTER SIX

到目前为止,我们主要研究了人和狗的行为。现在轮到狗尾巴了,让我们把目光集中到投资领域。

金融市场到底是什么?说来话长,但我们可以从不同类型可投资资产规模的角度来分析。

首先,在最具代表性的情况下,住宅和商业地产之和占全球投资总规模的一半多一点儿。债券约占 1/4,股票约占 1/5。贵金属、钻石、加密货币,以及可供拍卖的珠宝、古董、艺术藏品、名贵手表等,总共占约 1%。

换个角度看,如果我们从全球一年国内生产总值(GDP)的角度来看待这些数据,可以得出:

- 房地产:约占国内生产总值的 230%~310%
- 债券:约占国内生产总值的 100%~140%

- 股票：约占国内生产总值的 70%~110%
- 黄金：约占国内生产总值的 4%~12%
- 收藏品：约占国内生产总值的 0.5%~1.5%

需要强调的是，这里给出的百分比是在最具代表性的情况下得出的数值。考虑到投资市场之间的相互牵连，数字会随时间变动，但总体来看，投资市场的总规模通常相当于一年国内生产总值的 4~6 倍。如果把全球人口作为分母来计算，可以得到如下结论：全球范围内，每个人大约拥有 3.2 万美元的房地产、1.45 万美元的债券、1.1 万美元的股票、1 280 美元的黄金（在撰写本书时，黄金价格是每盎司① 1 950 美元），以及 65~190 美元具有投资价值的收藏品。此外，如果把比特币等加密货币也考虑在内，那么比特币的总价值（撰写本书时）约为 3 000 亿美元，相当于全球人均 40 美元。

## • 投资资产、增长和经济周期

那么，投资市场在市场发生波动时表现如何呢？这条尾巴到底是怎样摆动的？

1909 年，一位叫罗杰·沃德·巴布森的统计学家出版了一

---

① 1 盎司 =28.349 5 克。——编者注

本见解独到的著作，名为《货币积累的商业晴雨表》(*Business Barometer Used in the Accumulate of Money*)。我在1986年读过这本书。让我颇感兴趣的是，事实屡次证明，巴布森的观点是正确的。例如，他是少数几个预测到1929年华尔街大崩盘的人之一。

他的一个观点是，在某种程度上，投资市场围绕经济周期波动，各种表现的出现顺序如下：

（1）银行短期利率上升

（2）长期利率上升（债券价格下跌）

（3）股票价格下跌

（4）大宗商品价格下跌

（5）房地产价格下跌

（6）银行短期利率下降

（7）长期利率下降（债券价格上涨）

（8）股票价格上涨

（9）商品价格上涨

（10）房地产价格上涨

这种趋势变动与库存周期无关，它很好地概括了巴布森的著作出版以来的投资市场波动状况，大约每10年，我们就会经历一次这样的市场周期。如果把一个完整周期划分为"垃圾时间"和"黄金时间"两个阶段，那么资本投资周期有如下表现：

**垃圾时间**

（1）银行利率上升
（2）债券价格下跌
（3）股票价格下跌
（4）大宗商品价格下跌
（5）房地产价格下跌

**黄金时间**

（6）银行利率下降
（7）债券价格上涨
（8）股票价格上涨
（9）大宗商品价格上涨
（10）房地产价格上涨

  这里需要做一些重要的补充说明。房地产价格经常会受到资本投资和股票波动共同的影响而陷入低迷。在这种情况下，房地产市场通常只是进行了短暂调整，之后，经济降温带来的较低的利率水平会刺激房地产价格再度飙升。

  正如前文所述，我们大约每 20 年就会经历一次房地产危机(以及金融危机)，这属于房地产市场自发反转的情形。

现在，我们可以对投资周期的描述进行调整：

## 垃圾时间

（1）银行利率上升

（2）债券价格下跌

（3）房地产价格下跌

（4）股票价格下跌

（5）大宗商品价格下跌

## 黄金时间

（6）银行利率下降

（7）债券价格上涨

（8）股票价格上涨

（9）大宗商品价格上涨

（10）房地产价格上涨

现在，我已经系统描述了预测经济和市场波动的三种方法：第一种是根据领先指标进行操作；第二种是依据典型的经济周期进行预测（主要是借助10年规则）；第三种是上面提到的基于市场状况循环往复的"垃圾与黄金"模型。

毋庸置疑，这三种方法都是不精准的，因此需要读者融会贯通，掌握相应的投资模式，而不是从字面上生搬硬套。在有孩子之前，我的脑子里也构想了一个关于养育孩子的模式。但你猜怎么着？现实总是比脑海中构想的模型混乱和复杂得多。

经济学也是如此。然而，我提到的简单经济周期模型对我帮助很大，无论是在投资方面，还是在指导我的公司熬过动荡时期方面。

第 7 章　CHAPTER SEVEN

# 一种病毒出现了

虽然我在前几章描述的理论看起来并不复杂，但实践操作的情形却复杂多变。这一章讲的是我在 2020 年这个非比寻常的多灾之年的投资实践。

## • 绿色的灯

我是带着些宿醉进入 2020 年的。对于新的一年，我持乐观和自信的态度，认为 2020 年会是一个相当不错的投资年。当时，世界经济运转良好，经济基础牢固且增速稳定，不存在会导致衰退的经济失衡因素。尤其值得注意的是，西方各国以及中国日益突出的消费需求拉动了全球经济引擎的运转，领先经济指标基本上都亮着绿灯。

从 2018 年开始，根据 10 年法则，我曾经非常确定 2020 年左右会出现一场经济衰退。我曾多次在丹麦的媒体上谈及我对未来经济走势的预测。

尽管我在 2019 年数次减少我的股票仓位，但由于当时没有出现战略性的预警信号，因此，在几次股价暂时性的大幅调整之后，我都再次买入了股票。所以，我只是从一贯满仓投资股票转变为周期性谨慎投资。

然而，在 2020 年的 1—2 月，我又满仓了，这意味着我将最大限度地投资股票。但我并没有把所有资金都投在股票上，还分散投资了其他品种。

2 月初，我仍坚持谨慎乐观的态度，维持着满仓投资。

当 2020 年 2 月 20 日晚进入梦乡时，我对投资前景依然是乐观的，直到第二天早上醒来。

- **战栗时刻**

我是那种早晨起床时大脑比身体清醒得更快的人。我的大脑清醒过来只需要一分钟，而身体需要一个小时。因此，在起床前我会在床上阅读一会儿，以解决这个问题。这样我可以在利用大脑的同时，等待身体苏醒过来。

与往常一样，2020 年 2 月 21 日早晨，我拿起手机开始阅读。

首先引起我关注的是电子邮箱收件箱里的两份分析报告：一份来自《银行信贷分析师》，另一份来自投资银行高盛。两份报告都关于同一件事，虽然我早有耳闻，但直到那天早上我才意识到事情的重要性。报告的主题是新型冠状病毒，它正在大范围传播。

看起来不过是一种新的流感，有什么值得担心的吗？

尽管如此，我还是继续阅读了《银行信贷分析师》的报告。当读到第二页的中间时，我脖子后面的汗毛已经竖起来了。这种新型冠状病毒似乎不像普通的流感，它具有极强的传染性，而且更为致命。因此，这种病毒很可能导致世界各地的严重封锁。在分析人士看来，这将会导致经济陷入严重衰退。

何时会陷入衰退？

随时都会。

读到这个令人震惊的结论之后，我立即阅读了高盛的分析报告。高盛的报告根据不同的数据和论点，得出了同样的结论。

读完两份报告之后，我查看了世界范围感染新冠病毒的人数。虽然仅有微不足道的人被感染，但他们分散在多个国家，甚至还出现在一艘游轮上。

天哪！

这意味着传染病的大流行很难被消灭在萌芽状态。场面已经失控，这些感染者很可能远远超过已经确认的人数。

接下来我查看了股票市场的走势。股市开盘平静而有序。实际上，以美国标准普尔500指数为例，股指距离历史最高位只有一步之遥。

标准普尔500指数当时为3 353点，仅比两天前创下的历史高点低1.2%。德国股市指数当时为13 638点，比两天前的历史最高点上涨了1%。此外，我还快速浏览了一些新闻标题，似乎没有媒体对病毒的事感兴趣。

政府显然也没有采取任何措施予以回应。事实上，仿佛每个人都充耳不闻，对此都保持沉默。

我起床后去厨房给自己冲了一杯咖啡。我在思索应当何去何从，是否应该卖掉我的一部分股票？卖出多少为宜？三分之一还是一半？

我当机立断，给我的银行客服专员打电话，让他们立即卖出我持有的所有股票和股票型基金。"完全清仓吗？"他们和我确认。我回答："是的，一点儿不留。"用完早餐之后，10点12分，我在脸书上发表了以下观点：

小心股市。高盛刚刚警告：市场存在重大回调风险。主要原因是新型冠状病毒在世界各国间的传播已经失控。毋庸讳言，在战略性股票投资时，你应该对各种新闻保持淡定。货币市场、经济周期和心理因素是市场波动背后的主导力量。

但是，正如现在中国发生的，政府和民众为了防控新型冠状病毒的进一步传播的行动将会在很大程度上影响经济活动。

我继续用大量篇幅分析这场流行病的影响，并得出以下结论：

自 2009 年以来，我几乎不断地增持股票，这是迄今为止持续时间最久、规模最大的一次牛市。本来这次牛市至少应当持续到今年年末，但现在新型冠状病毒的出现带来的风险，使局面变得尤为复杂，导致投资者获利了结（卖出盈利的资产而持有现金）。

股票投资者目前正聚焦于接近历史纪录的股价增幅，这也可能是引发股票抛售的动机。因此，我选择卖出股票，并部分投资于黄金交易所交易基金（交易型开放式指数基金）。

最后，请允许我为我冷漠的专业口吻道歉，但在投资这个领域，我还算略懂一二。

周五下午，市场小幅下跌，但总体走势平稳。那天晚上，我瞥了一眼股价图（如图 7-1 所示）：

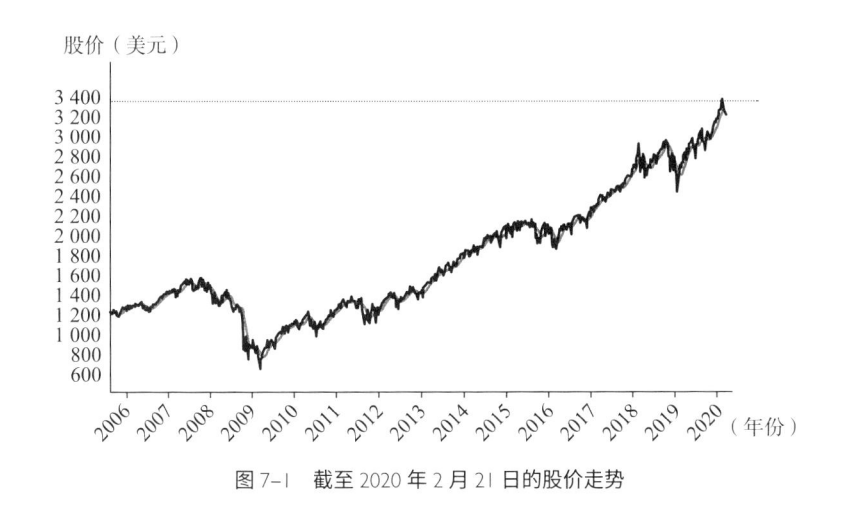

图 7-1　截至 2020 年 2 月 21 日的股价走势

整个周末我只做了一件事：查阅与新型冠状病毒和大规模传染病相关的信息。疫情到底有多严重？有必要实施封锁措施吗？疫情到底会持续多久？首先受到冲击的会是哪些行业？

所有信息都佐证了我上周五早上读到的两份报告中的观点。局势将变得很糟糕，所有数据都指向这一点。

让我感到不安的是，我们的媒体、市场和政府对此却轻描淡写。因此，有个问题一直在我脑海中挥之不去：我是否过于歇斯底里了？我真的该把股票全部清仓吗？我在脸书上言之凿凿地看空后市会不会很愚蠢？毕竟，我从来都不会对铺天盖地的负面新闻产生过度反应，也不去理会那些灾难预言家发出的层出不穷的恐慌消息。

在我的投资生涯中，我屡次产生与那个周末类似的疑虑。作为一名投资者，我从未笃定地确信过任何事情。投资就是一个概率游戏，一切皆有可能。但按照以往的经验，我最好的投资决定往往是我在最为紧张不安时做出的。在这种情况下，我的投资决策通常与市场走向相反。比如，我会在大多数人看好后市但已见顶时卖出，或者在市场陷入恐慌时买入。经常会出现这样的情形：事实指向某种投资决策，但情绪背道而驰。我选择遵循事实，无视情绪的抗议。

- **市场暴跌**

新的一周开始了。2020 年 2 月 24 日早上 6 点，我醒来后首先查看了澳大利亚股市的情况，下跌了。新加坡呢？也下跌了。中国香港呢？同样下跌了。亚洲股市都在下跌。欧洲股市刚一开盘，也立即开始跳水，而正如我所料，黄金价格开始上涨。因此，我在脸书上发表了如下评论："现在，一切都和我的预期一样。股票价格下降，黄金价格上涨。"

那个周一，直到午夜我都毫无睡意。睡觉前我做的最后一件事是查看悉尼股市开盘走势。果然继续下跌！

周二早上，我醒来之后看到澳大利亚股市进一步下跌，整个亚洲市场都非常疲软，欧洲股市也显露出下跌的迹象。

早上 9 点，股市刚一开盘就开始大跌。此刻我的赌徒天性又占据了上风，我选择迈出更为激进的一步——做空，以便可以在价格进一步下跌时获利。

- **"做空"是什么意思？**

做空是指卖出你并不拥有的资产。你可以在金融市场上进行此类操作，前提是你后期要回购这笔资产。这种操作可以通过两种方法来实现。第一种是：

（1）莱娜从奥勒那里借入股票。

（2）然后，莱娜立即在证券交易所把借来的股票卖掉。

（3）之后，莱娜回购股票，她希望能以更低的价格购入。

（4）最后，莱娜把股票转让给奥勒。

为借入股票，莱娜需要支付给奥勒一小笔费用。如果之后股价下跌，莱娜就能从中获利；但如果股价上涨，莱娜就会亏损。

另一种常见的做空方法是"期货"。期货是一种对赌合约，其原理类似于在竞技比赛中下注。

## • 持续下跌

就这样，周二，我用期货进行了做空操作，我押注股票价格会进一步下跌。

2月26日（周三）早上，我在脸书上写道：

现在我的仓位是净做空。每当做空时，我都会非常紧张。

周四，股价再次下跌，周五延续了之前的颓势。事实上，在随后的五个交易日中，股市经历了有史以来最大幅度、最为猛烈的周跌幅。

新型冠状病毒出现之前，囊括美国最大的500家上市公司的标准普尔 500 指数,自 2009 年的低谷以来,上涨了超过 400%。之所以发生如此猛烈的下跌,主要是因为市场在经历了十多年的繁荣之后,投资者获利颇丰。考虑到众多投资者已经长期大幅盈利,抛售股票并不会对他们造成重大的心理打击。尽管持仓市值在短短几天内就下跌了 10%,但多数投资者仍有大幅盈利。

2 月 28 日（周五）中午,我平掉了 40% 的空头合约,并于 12 点 59 分在脸书上发布了这样一则消息：

考虑到周末效应,刚刚我把空头头寸缩减了 40%,但我认为股价还未最终触底。

我减仓基于以下两个理由：一方面,做空股票承担的风险过大,因为长期来看股价总是会上涨的；另一方面,其他做空投资者通常会在周末买入股票,以对冲空头头寸。

随着事态的发展,每次交易后,我都会在脸书上发消息。每一个读过我写的投资类图书的人,以及在网络上关注我的人都可以看到,作为一个投资人,我在危急情况下是如何操作的。

图 7-2 记录了我在脸书上发布的所有投资操作。当价格下跌时,我开始迫切地买入股票。

当时,很多人认为股价会进一步下跌,当然我也不能排除这种可能性。但是,首先,我确信,如果在这个价位买入,从长远来看是非常明智的。其次,在新型冠状病毒肺炎疫情出现之前,经济并不存在任何重大的内生问题,发生海啸式的严重金融危机的可能性微乎其微。

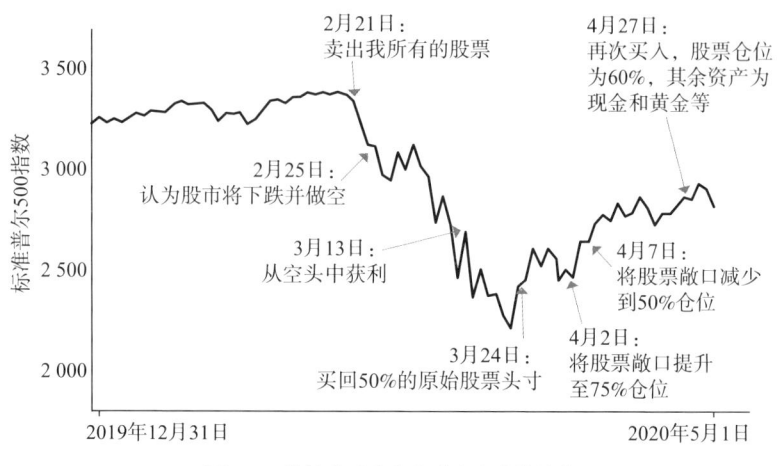

```
2月21日：卖出我所有的股票
2月25日：认为股市将下跌并做空
3月13日：从空头中获利
3月24日：买回50%的原始股票头寸
4月2日：将股票敞口提升至75%仓位
4月7日：将股票敞口减少到50%仓位
4月27日：再次买入，股票仓位为60%，其余资产为现金和黄金等
```

图 7-2　价格变动和我在脸书上发的消息

另一点也很重要，股票市场的剧烈波动唤醒了那些对新型冠状病毒的肆虐还无动于衷的人。如前所述，在 2 月 24 日之前，媒体和政府一直无视新型冠状病毒带来的威胁。直到股市的恐慌情绪开始蔓延，他们才幡然醒悟并开始采取行动，这对制止疾病的大规模传播为时已晚，但倘若股市没有崩盘，他们恐怕还是会无动于衷。

## • 不囿于眼前，着眼于未来

2020 年 2 月和 3 月的股市危机很好地揭示了个人投资者惯常会犯的一些典型错误。大部分投资者都太过执着于当下。一开始，市场表现喜人，投资者热情高涨，盲目地以过高的价格买入。接下来，如果形势变得很糟糕，他们就会被恐怖情绪支配，以过低的价格抛售。

专业投资者则会将股市视为未来经济走势的晴雨表，并以市场较长时期内的历史表现作为投资决策的参考。

举个例子，2020年3月，优秀的宏观经济分析师一致认为，发达经济体的GDP将在第二季度下降20%~30%，甚至更多，这种大幅下降前所未有。然而，分析师也判断，各经济体将在第三季度和第四季度强劲复苏，全年的经济活动总量最终只会比2019年缩减5%~6%。经济学家认为，在未来2~3年，经济活动将迅速反弹，以弥补损失。

在这种情况下，投资者应该怎么做？

## • 生虫的苹果

假设我们用24个苹果来代表圣诞节前日历上的24页纸，也就是一个苹果代表一天。根据多年的经验，你知道10%的苹果被虫蛀了（就好比每10年会发生一次严重的经济衰退）。

接下来你发现，你拿到的第一个苹果就是已经生了虫的。这是否意味着24天倒计时日历的价值会缩水？

当然，价值会有损失，但损失的比例是多大呢？5%？10%？也许吧。但客观地说，它不会贬值20%，对吧？

更不会贬值36%。

然而，在新型冠状病毒肺炎疫情防控期间，许多股票市场都下跌了30%~40%，标准普尔500指数从之前的高点下跌了36%。

顺便说一句，这个数字并非凭空臆造。标准普尔500指数在第二次世界大战后的数次熊市（指股价跌幅超过20%的市场下跌行情）中，平均每次下跌34%。

我再次强调，股票投资者购买的不是当下，而是公司的未来。或者更准确地说，他们购买的是公司股份未来的收益权。

我是在2020年春季股市下跌时买入的。因此，我购买的是股票未来的收益权。这种权利不仅在2020年剩下的时间里有效，还会在2021年、2022年、2023年、2024年、2025年、2026年、2027年、2028年、2029年、2030年、2031年、2032年、2033年……一直延续下去。

无须多言，与2032年或2062年相比，投资者更看重2022年的投资收益，因此要引入"折现系数"来计算未来收益。换句话说，遥远的未来能赚到的钱远远没有明天或明年就可以赚到的钱重要。然而，当通货膨胀率和市场利率很低时，折现系数也相应很低。因此，站在今天的视角来看，在心理层面上，未来的收益会显得更有价值。

概括来说，尽管知道2020年就像一个被虫蛀过的苹果，但我还是买了整整一盒代表未来的苹果。而且我认为绝大多数苹果都没有问题，因此我不需要对它们的预期价值打太多折扣。

## • 歇斯底里的预言家

事实上，一方面，股市具有深刻的洞察力；另一方面，股市也有点儿歇斯底里。具有深刻的洞察力，意味着股票市场本身比绝大多数商界领袖、精明政客和经济学家更善于在萌芽阶段权衡将要面临的机遇与问题。因此，股市本身就是优秀的经济领先指标。然而，当察觉到蛛丝马迹时，它们很可能会歇斯底里和反应过度。

股市里可都是真金白银。看看美国历次熊市血淋淋的现实，平均股票价格下跌了34%。假设每次股市下跌30%~40%时你都买入，这会给你带来丰厚的利润。熊市意味着市场通常处于非理性的超跌状态。

因此，你应当在股市超跌的状态下买入。股票投资仅仅需要你做好这一件事，这就是你唯一的任务！

好吧，事实上你还有另外一项任务。

[ 第 二 部 分 ]

➡ **PART TWO**

# 投资与价值

# 第 8 章　CHAPTER EIGHT

## 我从杰里米·西格尔那里学到的

当你打算成为银行的投资客户时，银行客户经理通常会先询问你对投资波动性的看法：你能否容忍你的投资组合收益随市场波动大幅震荡，或者稳定对你来说是压倒一切的前提条件？

如果你的回答是厌恶波动性，那么他们会在你的投资组合里增加与股票价格变动方向相反的投资品种，一般是政府债券或其他债券产品。

也许这种操作对很多投资者来说是合适的。但在我看来，这无异于杯水车薪，于事无补，也相当不明智。

请容我解释一下我为何会持这种观点。2000 年到来之际，我已经在创业项目上投入了很多时间和精力。相较之下，那时我并没有把太多注意力放在股票交易上。然而，就在 2000 年的秋天，我决定专注于股票投资。虽然我曾经是一名股票交易员，但我还是特意订购了一些投资类的畅销书，用来增加我投资方面的知识储备。

一天早上，我收到亚马逊公司寄来的一个装得满满当当的箱子，里面都是我新买的投资书。有些书很不错，但有些书不怎么样。令我印象深刻的是，有一本书特别有趣，这本书名为《股市长线法宝》，其作者是美国金融学教授杰里米·西格尔。这本书并不是我读过的书里最好读的，甚至应该说读起来非常费劲。该书从头至尾充斥着大量的技术分析以及庞杂刻板的概念和信息，阅读起来毫无愉悦感，但它要表达的核心内容震撼了作为投资者的我，让我记忆尤为深刻。

## • 不可思议的数字

西格尔写这本书的原因其实很简单。1992 年，他假定有人在 1802 年用 1 美元投资所谓的安全资产，计算了从 1802 年到 1990 年 188 年来所获得的投资收益。

按照书中所描述的，如果你在 1802 年将 1 美元藏在床垫下，由于通货膨胀，188 年后它就会失去超过 90% 的购买力。这显然不是一个好的投资选择。

接下来，如果用这 1 美元投资黄金，188 年后购买力将从 1 美元提高到 1.42 美元。看起来还凑合。

还有另一种选择，如果你愿意承担更大的风险，用这 1 美元投资短期政府债券，那么，188 年后，购买力将增加近 24 倍！当然，前提是不断地将利息所得再投资于新的相同类型的债券。

这个结果已经让人啧啧称奇了。但如果你再激进一些,用这 1 美元购买风险更高的长期政府债券,那么,188 年后,其购买力将增长 52 倍甚至更多。这是多么丰厚的利润!

仅仅因为敢于投资长期政府债券,购买力就增长了 50 多倍,这听起来相当诱人。但是别着急,精彩还在后面……

如果你选择用这 1 美元投资股票,购买力会……建议你先坐稳,别被吓得从椅子上摔下来。

如果投资股票,那么购买力将会增加 86 100 倍!

也就是说,如果选择最安全的投资(例如投资黄金),那就意味着你将获得最少的收益。但若选择承受最高的风险(例如投资股票),你就会获得最多的收益。长期来看,不同的投资选择带来的收益差异非常大。相比较而言,把现金捂在手里简直就是个笑话。

于我而言,杰里米·西格尔的书结论非常清晰。我的想法是:从现在开始,我会欣然承担风险,当然,也会保持一定程度的审慎。

- **太阳底下无新事**

西格尔的书出版后,很快就广受赞誉,但也有一些批评的声音。有观点指出:"对单个投资者来说,由于生命长度的限制,他们无法跨越西格尔所说的长达 188 年的投资期。"还有观点补充:

"纵观188年的投资期，会发现一些与西格尔描述的市场表现不相符的时期。"也有人持这样的观点："市场前景看起来很惨淡，因此西格尔描述的增长是难以为继的。"

当然，前两个反对观点无可辩驳，事实也是如此。不过，数据显示，长期投资者还是从股票投资中获益很大，即便他们对建仓时点的选择并不明智，结果也大同小异。当然，前提是投资周期要足够长，只有这样才能获得丰厚的投资收益。

未来是否会与西格尔的论断有所不同，我们无从知晓。西格尔也在定期更新他的计算结果，许多股票经纪人也是如此。在撰写本书时，我所能找到的最新数据是由西屋集团发布的截至2017年末的投资收益。

这些数据的结果如何呢？经过通货膨胀调整（按照实际购买力计算），如果用1802年的1美元投资不同品类，那么，到2017年末，1美元将会变成：

- 投资黄金：3.26美元
- 投资短期政府债券：265美元
- 投资长期政府债券：1 663美元
- 投资股票：1 348 229美元

诚然，截至2017年末，黄金投资表现良好，购买力增长了约两倍。但与购买力增加了100多万倍的股票投资相比，两倍的涨幅微不足道。

所以，从长远来看，确凿无疑的结论是：股票投资的风险值得承担。

因此，金融领域存在"西格尔常数"这一概念，"西格尔常数"指的是在长期投资中，剔除通货膨胀影响后，股票投资的长期年化收益率在6.5%至7%之间。实际情况是，在1802年初到2017年末的216年的投资周期中，投资的平均年化收益率为6.8%。

## • 股权风险溢价

事实上，有一个指标可以量化承担风险的价值，这个指标被称为"股权风险溢价"。股权风险溢价计算了把资金投资于股票所获得的超额收益率。

例如，如果把100美元投资于股票，取得了5美元的收益，就可以计算出第一个数值，收益率为5%。

第二个数值是无风险投资的收益率，例如经过价格调整的投资于10年期政府债券所获得的息票收益率。在撰写本书时，对许多国家的投资者来说，这个数值接近0，甚至为负数。为了方便讨论，我们假设该数值为1%。

股权风险溢价是这两个数字之间的差额。在上述例子中，股权风险溢价为5% − 1% = 4%，这意味着，投资股票的年收益率比投资长期政府债券高4%。这个差额就是对投资者承担更大的波动性和更高风险的补偿，也就是股权风险溢价。

在实践中，股权风险溢价的计算只适用于整个股票市场，即某国股票市场的平均表现。因此，股权风险溢价也就是投资于某国股票指数的收益率与投资于该国长期政府债券的收益率之间的差额。

## • 众神的礼物

让我们来研究一个颇为有趣的话题。如果你忽略股票投资收益在较长时期内的波动性，那么股权风险溢价应该为负数。从长期看，如果股权风险溢价为负数，那么投资股票不会比投资政府债券收益更高。股权风险溢价以未来一年的投资收益来计算，对投资决策来说，这个逻辑具有误导性。

让我解释一下。假设你购买了100美元的债券，每年有5美元收益，10年间总收益为50美元（假设不考虑任何再投资获得的复利）。让我们假设股权风险溢价为0，在这种情形下，如果你购买价值100美元的股票，那么每年会产生5美元收益。

两者的投资收益应该是相等的，是吗？

不，实际上并不相等。因为债券的利息每年都是固定的，但股票的年均收益率会随着时间的推移而增长。事实上，在较长一段时间里，股票投资的年均收益以平均每年约7%的速度增长。因此，如果我们将这种增长考虑在内，这时股票和债券投资的收益实际上会如表 8-1 所示。

表8-1 股票和债券投资的收益差异

| | 股票收益（美元） | 债券收益（美元） |
| --- | --- | --- |
| 第1年 | 5.0 | 5.0 |
| 第2年 | 5.4 | 5.0 |
| 第3年 | 5.7 | 5.0 |
| 第4年 | 6.1 | 5.0 |
| 第5年 | 6.6 | 5.0 |
| 第6年 | 7.0 | 5.0 |
| 第7年 | 7.5 | 5.0 |
| 第8年 | 8.0 | 5.0 |
| 第9年 | 8.6 | 5.0 |
| 第10年 | 9.2 | 5.0 |
| 第11年 | 9.8 | 5.0 |
| 第12年 | 10.5 | 5.0 |
| 第13年 | 11.3 | 5.0 |
| 第14年 | 12.0 | 5.0 |
| 第15年 | 12.9 | 5.0 |
| 第16年 | 13.8 | 5.0 |
| 第17年 | 14.8 | 5.0 |
| 第18年 | 15.8 | 5.0 |
| 第19年 | 16.9 | 5.0 |
| 第20年 | 18.1 | 5.0 |
| 各年之和 | 205.0 | 100.0 |

因此，在长期投资中，即便股权风险溢价为零，投资者仍可以期望从股票投资中获得更多收益。实际上，在前面的例子中，纵观 20 年的投资期，股票投资收益是债券投资收益的两倍多。而且，在

实际操作中，两者的差别通常会更大，因为，当债券到期时，投资者将直接收回到期偿付的现金。但对股票投资来说，在同样的投资期结束时，股票市值受收入增长的驱动可能已经大幅提高，此时卖出股票将获得公司高额市值的对价。

上面的计算基于股权风险溢价为 0 的假设，但实际上，股权风险溢价很少低到接近 0 的水平，更不用说为负值了。大多数情况下，股权风险溢价为正值。例如，2008 年和 2009 年的经济危机以来，股权风险溢价通常维持在 5%~6%，这意味着投资股票可以获得丰厚的利润。

有趣的是，仅仅基于对股权风险溢价的理解，我就赚到了不少钱。

关于上市公司的利润，我想做一些解释。利润不会直接进入投资者的口袋，其中一部分会被用来支付股息或用于收购其他公司，而另一些可能会被用来回购公司自身的股票，这样做会使未来的每股利润增长得更快。然而，从长远看，我们可以认为，公司的利润最终会以某种方式落入投资者的口袋。

和我之前说的一样，总体来看，股票的长期投资收益率以每年 7% 的速度增长，这是股票分红和股价上涨两方面收益叠加的结果。

然而，7% 左右的增长率远远超出任何一个国家 GDP 的年均增长率。如何解释这种现象？

我们可以分析一国 GDP 的组成，一般包括：

· 公共部门。根据麦肯锡咨询公司等机构的研究，平均而言，该部分的长期生产率增长为零。
- 提供日常生活服务的公司，如理发店、按摩店、餐厅、园丁和律师事务所等，它们的生产率增长非常有限或接近零。
- 成长型公司。

上市公司主要集中于成长型公司中的顶尖梯队。它们要么曾经是成长型公司，要么仍然属于成长型公司。对社会总体增长的贡献来说，这些成长型公司的表现最佳。同时，这些成长型公司从利润增长中获益最多。

只要投资这些公司的股票，你就可以从它们的增长中获益。

以下内容很重要。如果我们以 7% 的预期年均增长率来计算，那么得出的结果是股票市值将在 10 年内翻一番。以美国股市为例，在过去的 100 年间，市场的平均表现大体与之相符，即在每一个 10 年经济周期内，股价上涨一倍。当然，这是一个简化后的结论，现实情况则复杂得多。例如，美国的股价在 2009—2020 年的表现不是翻倍，而是增长至原来的 4 倍多，但在其他 10 年周期中，股价的表现要逊色得多。

然而，长期来看，其内在增长趋势是相当精准的。在下面这个简化的版本中，假设你的投资总期限跨越了 7 个经济周期，我们认为股价将会翻 7 番，我用一组数列来表示：

1，2，4，8，16，32，64，128。

面对这样的增长，你心动了吗？

# 第 9 章
## 马尔基尔和蒙眼猴子

CHAPTER NINE

在我的投资生涯中,银行一直在经营投资基金业务。我年轻时,这种基金的运行机制几乎都是这样的:基金经理持续关注市场、经济及企业的变动趋势,并在此基础上做出投资决策。当然,这可不是免费的,由于高昂的人工支出和交易成本,投资基金要收取相当高的费用。

但那又何妨?只要投资基金能够跑赢大盘,投资者就乐意付钱。这就好比天赋异禀的足球运动员虽然身价不菲,但足球俱乐部为了赢得比赛,在花大价钱引入优秀球员这件事上也会毫不手软,这是顺理成章的事。

那么,投资者花在雇用基金经理上的钱值吗?那可不一定,统计学家发现这样的一个事实:主动管理型基金的平均表现并没有优于它们所在市场的总体表现。如果你不委托基金经理来管理,而是自己在这个市场上投一点儿钱,然后不进行任何操作,你的收益将很可能超过把钱给这些领着高薪、具有所谓"魔法"的投资专家，让他们来操作获得的收益。

"胡说！"年轻人可能会愤愤不平。其他人也可能表示不解："所谓的专家怎么就创造了负价值？这听起来就像糟糕的装模作样，不是吗？"

事实就是如此。1973 年，普林斯顿大学著名教授伯顿·马尔基尔出版了畅销书《漫步华尔街》，使人们对这个问题的认识达到了新的高度。"随机漫步"是一个数学俚语，指未来的发展是随机的。马尔基尔认为，市场的短期价格变动是随机的，同时，他用先进的统计分析方法证明了这一观点。还记得前文人与狗的例子吗？需要说明的是，在马尔基尔的观点中，呈现随机变动的是狗尾巴，但人和狗在一起的行动并不是随机的。

- **被蒙上眼睛的猴子**

更糟糕的还在后面。统计数据表明，投资行业的专家在选股方面的表现并不比蒙上眼睛扔飞镖结果更好。马尔基尔还心怀叵测地补充说：即便是换成蒙着眼睛的猴子来扔飞镖，结果也是一样的。

马尔基尔补充说：的确有一些投资组合经理和投资专家能长期跑赢市场，但一些蒙着眼睛的猴子同样能做到。统计原理就是如此，如果有人在投资方面表现得很娴熟，那么仅仅是因为他们的运气更好。

人们通常不会乐意被比作蒙着眼睛的猴子。不出所料，不少专业投资者对这个比喻表示出强烈的不满。

然而，正如马尔基尔所论证的那样，即便在某一段时间内投资经理成功跑赢了市场，该项投资所获得的超额收益也经常被相关的基金管理成本侵蚀殆尽。例如，假设某个股票市场总体每年上涨 7%，聪明的股票交易员实现了每年 8% 的增长，但基金管理成本为每年 2%，那么客户的超额收益会化为乌有。

## • 交易所交易基金

基于上述理论，一种新的投资基金诞生了，它们仅仅被动地投资于某一类型的投资对象。这种基金被称为交易所交易基金（ETFs）。1989 年，美国的两家证券交易所推出了首只交易所交易基金。从 20 世纪 90 年代中期开始，交易所交易基金在全球范围内兴起。交易所交易基金的原理很简单。例如，某只交易所交易基金称其投资范围是"俄罗斯股市中规模最大的 30 只股票"，那么这就是该基金持有的股票。

交易所交易基金的机制相当聪明。投资者不必再为"蒙着眼睛的猴子"掏腰包。而且，由于交易所交易基金在股票交易所上市交易，因此这类基金也不需要为应对投资者卖出基金份额的流动性要求而储备现金。如果一些投资者想要赎回基金份额，那么他们可以将交易所交易基金卖给其他投资者。综上所述，这意味着交易所交易基金的管理成本非常低，所以收取的管理费用也相当低。交易所交易基金通常每年收取约 0.3% 的管理费用。因此，如果是股票指数型交易所交易基金，股票市场长期年均上涨 7%，那么投资于交易所交易基金的客户每年获得的利润将是 6.7%，这相当不错。

这就是近年来交易所交易基金规模如滚雪球般膨胀的原因。在撰写本书时，已经有超过 5 000 只交易所交易基金，涵盖了多种多样的投资策略。

其中，某些交易所交易基金投资于标准普尔 500 指数、纳斯达克指数、德国 DAX 股票指数或 C25 等大盘股票价格指数；某些则追随医疗、科技或金融等特定行业中世界领先公司的股票；某些投资于大宗商品；某些则投资于公司内部人士指定的股票；某些交易所交易基金的价格和股票市场反向变动；某些交易所交易基金的价格则受股市波动幅度大小影响；某些甚至投资于比特币。总之，交易所交易基金覆盖了你能够想到的各种投资类型和策略。

就我个人而言，我对交易所交易基金推崇备至，一般情况下，我的大部分股票投资操作都是通过各种各样的交易所交易基金实现的。

尽管如此，我还是认为马尔基尔的观点有对有错。无疑，他对大部分主动管理型基金的收益比不上被动投资的断言是正确的。

这十分重要。

但是，马尔基尔认为没有一名投资者有能力跑赢市场的说法是不正确的。正如著名理论家、投资家沃伦·巴菲特指出的那样，只有少数人拥有这项能力。能跑赢市场的人靠的不是运气，而是实实在在的投资技术。事实上，人们的智商高低和心性强弱是呈正态分布的。在正态分布曲线上富有竞争力的那一端，存在着像巴菲特这样卓越的投资家，他们天赋异禀，在较长的投资周期中，他们的平均表现确实跑赢了市场。

## • 不是随机的，而是混沌的

"随机漫步"这一概念可以追溯到20世纪80年代中期，当时我是负责丹麦美力滋食品公司（MD Foods，现在更名为Arla）股票的交易员，我们运用技术分析（历史汇率分析）来进行交易。而且平均来看，我们是盈利的。假定汇率走势随机波动，那么试图在外汇市场上通过交易获利就是徒劳的。我对我们的交易实践无法与马尔基尔的理论相吻合产生了困惑。

然而此后的某一天，我偶然听到了一档广播节目，我的困惑得以解答。那档节目的嘉宾是丹麦技术大学物理系的莫斯科尔德教授。在节目中，他谈到所谓的"混沌理论"，这种理论是指，一个看似随机的系统，当用标准统计方法进行检验时，我们会发现这个系统是由具有确定性的混沌决定的。如果用同样的方法去检验金融市场的表现，那么我们很可能会清楚地观测到确定性混沌的影响。

换言之，混沌遵循一定的规则，它们只是难以被量化。这就是为什么有些人能够在某种程度上透过混沌的表象，洞察市场的复杂性。在对冲基金和私募股权基金领域，这样的人越来越多。在下一章，我们将进一步探讨这个话题。

# 第 10 章

# 马尔基尔的局限性

CHAPTER TEN

2020 年 6 月 17 日,《漫步华尔街》作者伯顿·马尔基尔写了一篇关于日间交易员的博客,日间交易员是指,在同一交易日对其头寸进行买入和卖出双向操作的交易者。他们中绝大多数交易员是亏损的,或者至少输给了通过交易所交易基金进行简单的被动投资的交易员。在这部分内容中,马尔基尔提到了当时正在进行的一些研究:

- 在 6 年的投资期中,股票经纪公司嘉信理财日间交易员的平均收益低于通过交易所交易基金进行被动投资的收益。而且,那些操作频次最高的交易员平均收益最低。
- 一项对中国台湾日间交易员 15 年间投资收益的调查显示,系统来看,只有 1% 的交易员收益超过了被动投资交易所交易基金的收益。实际上,超过 80% 的交易员是亏损的。
- 一项对巴西日间交易员收益的调查显示,只有 3% 的日间交易员可以在交易中赚钱，仅有1%的日间交易员的收益达到了巴西最低工资水平。

在我看来，私人投资者试图从日间交易中获利的行为在财务层面毫无意义，除非你认为这很有趣，愿意接受板上钉钉的低收益甚至负收益。

但是，这并不意味着我们可以否认一些人确实能够通过高频交易赚钱的事实。一个鲜活的例证就是美国数学家詹姆斯·西蒙斯。当马尔基尔写这些博客时，詹姆斯·西蒙斯的身家约为200亿美元。他的财富主要来自通过"算法交易"运营的投资基金。算法交易指由计算机控制的交易，其投资期限平均约为两天，这也被称为"摇摆交易策略"。

正如我在上一章所述，的确有一些投资者的长期投资平均收益跑赢了市场，马尔基尔并不否认他们的存在，至少现在不再反驳了。他们通常为三种类型的基金工作，这三种基金分别为对冲基金、私募股权基金和风险投资基金。接下来，我们将逐一探讨这三类基金。

## • 对冲基金

对冲基金可以对各种各样的投资品种进行交易，同时在上涨和下跌的市场趋势中赚取利润，并且一般会通过融资杠杆来撬动基金本身的投资规模。

对冲基金种类繁多，但传统上所谓的"广义"对冲基金的收益率最高。广义对冲基金的投资范围覆盖了股票、债券、货币、大宗商品等一切你能想到的投资品种。在我的职业投资生涯中，我所做的事情恰好就像是在运营一只广义对冲基金。

## • 私募股权基金

私募股权基金投资于私人拥有的未上市公司和项目，对某一家公司的投资期限通常为5~6年。投资私募股权基金的资金锁定期通常为10~12年，这是因为，它们需要用3~4年建立投资组合，之后的几年用于公司发展，另外几年用于出售公司股权。然而，最终还有可能需要多花费几年时间，来解决在之前的过程中出现的问题。

当然，资金被锁定如此长的时间也会产生一定的负面影响。那么，投资者为什么要牺牲流动性呢？

这是由于，投资私募股权基金的长期收益率通常比购买上市公司股票的收益率高4%~5%。不过，前提是你所投资的是历史上表现最好的前25%的私募股权基金，或者基金的实际表现显著优于行业平均水平。

每年 4%~5% 的收益率差距会逐年累加。在前文中，我们曾假设股票的价值每年上涨 7%，这意味着将资金投资于股票，10 年后资产价值可以加倍。与之相比，如果投资私募基金，你每年可以额外获得 4.5% 的收益（总收益率达到 11.5%），那么在相同的时间里，你的资产价值就可以达到之前的 3 倍。

此外，业内还有一种被称为"收购基金"的私募基金。这种基金会购买上市公司的股票，之后退市重组或以其他方式改善公司经营状况，试图以更高的价格出售或再次上市。

另一种私募股权基金是所谓的"秃鹫基金"。设想一个鸡尾酒会的场景。

有人问："如果您不介意，我想请问您是做什么工作的？"

一位来自"秃鹫基金"的合伙人这样介绍自己："我在为一家秃鹫基金公司工作。"

这样的回答可能有些难登大雅之堂。因此，一般在正式场合，秃鹫基金被称为"特殊情形"基金。当然，特殊情形可以指任何情形。

这类私募股权基金经常遭到非议，但我认为应当为它们正名。一方面是由于我自己就投资了其中一些基金，是局中人。另一方面是因为，在经济衰退期，秃鹫基金一般会表现得非常活跃。在糟糕的经济环境中，它们购买濒临破产的公司发行的债券或股票，或者购买已破产公司的资产，然后试图利用这些资产创建新的业务。我的朋友马斯·福尔霍尔特·约尔延森就在丹麦从事相关投资。据我所知，如果没有他的介入，那些深陷泥潭的公司可能早就从世界上彻底消失了。我也参与过一次这样的投资。

因此，如果把上面在鸡尾酒会上的对话重演一遍，那么我认为应当是这样的：

如果您不介意，我想请问您是做什么工作的？

我来自一个企业救世主团队。当公司濒临破产时，我们帮助它们起死回生。

房地产行业是经常需要这些救世主的行业之一。想象一下这样一种情形：一家开发商在摩天大楼项目未结束之时，突然遭遇意料之外的经济衰退，其项目资金无以为继。此时秃鹫（或救世主）基金便有机会以 1 便士的低廉价格买下整个开发项目，并为项目完工提供后续资金，同时把原开发商或银行等债主可能获得的利润据为己有。

- **风险投资基金**

接下来要说的是风险投资基金，风险投资基金投资于创业项目。从学生时代起，我就一直在投资初创项目（新成立的公司），尽管它们主要是我发起的项目，最初我只投入了微不足道的一点点钱。然而，随着时间的推移，风险投资基金和更大规模的资金也进入我的投资。

在详细介绍之前，我需要提示一下，这部分市场有自己的"垃圾和黄金"现象，大约30%的初创企业在头三年就倒闭了。这已经相当糟糕了，但是如果以10年跨度去观察这些初创企业，你就会发现，情况更加糟糕：10年之后，大约70%的公司难以为继。

历史数据甚至更加糟糕，所以，参与此类投资应当慎之又慎。增长型初创企业通常会吸引那些满怀希望的投资者，然而分析数据表明，大约75%的增长型初创企业会在3年内倒闭，90%的增长型初创企业撑不过10年。我自己就曾经参与过几家公司的创设，但它们都已经悄然倒闭。所以，我是怀着沉重的心情写下这些内容的。

因此，当你的侄子问你是否愿意投资他新创立的公司时，你必须牢记，很可能你所有的投资最终都会打水漂，这可是我的亲身经历。

这是风险投资坏的一面。好的一面是，幸存下来的公司将有机会一鸣惊人。

它们中的佼佼者被称为"独角兽"，这是创业圈内的术语，指的是那些市值迅速飙升至10亿美元以上的公司。我曾经参与创建一家独角兽公司，创业的过程异常艰险。

时间回溯到1997年，我和朋友弗兰克在瑞士中北部城市楚格成立了精彩公司。不到一年，世界上最大的计算机芯片制造商英特尔公司就以每股 43.5 美元投资了精彩公司，远远高于一开始每股 10 美元的价格。之后，德国电信、英国电信、劳拉空间通信、路透社、朗讯等公司也以更高的价格进行了跟投，最终的跟投价格是每股 650 美元。经过三年半的发展，我们引入了由高盛牵头的 5 家投行组成的财团，并成功挂牌上市。上市后，公司股价上涨了 10 倍左右。当股价达到最高点时，理论上我可以买下 1 300 辆法拉利轿车。然而不幸的是，2000 年发生的经济危机让公司元气大伤。不过在此过程中，公司成功实现了市值飞跃，高盛的分析师称，我们的公司创下了 4 年来欧洲上市公司的最大价格涨幅纪录。

我还创办了其他公司，虽然价格上涨没有那么引人注目，但"失之东隅，收之桑榆"，那些公司反而存活得更久。

## • 天使合伙人联盟

投资创业公司的方式多种多样。最简单的一种是，你碰巧遇见了心仪的投资项目，然后直接投资。

在这种情况下，我通常会非常谨慎。只有每年都接触并比较数百个创业方案，才有可能找到一个好的投资项目。

因此，更好的创投渠道是加入一个所谓的"天使合伙人联盟"。它通常由一群经验丰富的商业领袖和资深企业家组成，他们每年一起筛选大量初创企业，并共同投资其中一些。我自己也加入了很多天使合伙人联盟，而且还有很多投资人在做类似的事情。"天使合伙人联盟"既有趣又鼓舞人心，还能够大大提高投资成功的概率。它为投资者提供了将资金分散投向一些小型项目的机会，同时还有专家团队持续跟踪指导。以丹麦为例，这类天使合伙投资项目包括丹麦商业天使投资、Keystones 投资、南丹麦商业天使投资、哥本哈根风险投资交易所和北方天使投资。

## • 我的风险投资基金

自 2000 年以来，我自己也投资了一些项目。2016 年，我还参与创立了一家名为"北欧之眼"的风险投资基金。在成立之初的三年间，我们投资了 20 家公司。

它的投资表现非常亮眼。被投公司之一是加州的网生公司（Weblife），这家公司是我在洛杉矶的合伙人（也是我的好朋友）理查德·萨斯曼创立的。我们在这家公司投资了 300 万美元，仅仅 7 个月之后，就以超过 2 000 万美元的价格出售了这些股份。仅这一项投资，就让我们的首批投资者以现金形式收回了全部初期投入，并且他们不需要追加投资就可以参与此后的 19 个投资项目。

另一项令人兴奋的投资是丹麦蓝海机器人公司投资项目。我是在和老朋友奥勒·斯蒂格·彼得森聊天时发现这个投资机会的。虽然那时这家公司正在盈利，同时并不缺少现金，但我们提出了一个可以使公司取得更大增长的商业模式，当然这也需要相应地增加资金投入。结论是，我们可以投资这家公司并获得很大份额的股权。在那之后，蓝海机器人公司迅速发展，并成为行业内一家潜力巨大的明星公司。

不过需要注意的是，这 20 家被投公司是我们在三年多的时间里，从近 3 000 家公司中筛选出来的。就个人而言，通过出版图书和演说、讲座等渠道，以及从我的社交媒体账号上大约 5 万名粉丝那里，我收到了源源不断的投资项目计划书。我和连续创业者马斯·福尔霍尔特一起出版了一本书，名叫《创业》。此后，投资项目计划的发展势头变得更加迅猛，这本书的丹麦语版本和英语版本都极为畅销。

每年，我都会审查大约 500 份投资项目计划书。我礼貌地回绝了其中的绝大多数，对于剩下的我感兴趣的很小一部分，我会主动联系，但我通常不急于判断它们是否值得投资。顺便提一句，如果给我打电话的创业者听起来像在洗手间里，那就会引起我的警觉。请别误会，我指的是在洗手间里打电话会有一种特殊的回声，这和创业者在空旷无人的办公室里打电话的效果是一样的。

有很多类似的情况出现，但有时我也能遇到一些有趣的投资项目，我会把这些项目转给我的团队做进一步考察。我们平均每年会深入研究大约 100 家公司，我们会和每家公司的创始人接触一到两次。通常情况下，我们会从这 100 个项目中选出大约 20 个进行更详细的调查，深入考察公司的技术，并和它们的客户进行交流。最终，我们每年会选中 6~7 家公司。

在风险投资领域，如此高的淘汰率是很常见的。因此，对这些我们精挑细选出来的少数公司来说，它们创业成功的概率会高于平均水平。然而，平均来看，风险投资基金的投资项目符合以下规律：

- 30% 的公司会倒闭。
- 30% 的公司勉强存活，但给基金带来的收益为负。
- 另外 30% 活下来的公司，给基金带来的收益几乎为零。
- 10% 的公司表现得非常好，可能会给基金带来 1000% 甚至更多收益。

对风险投资基金来说，至关重要的就是那 10% 的公司。如果一只基金没有投这些明星级的公司，那么这只基金的表现将不容乐观。

- **对大型基金的小额投资**

私募股权基金，包括那些专门帮助创业者的风险投资基金和对冲基金，实际上从不将基金的收益或亏损公之于众。只有基金的投资者才能获得这些信息。然而，通过查阅养老基金的业绩年报，我们可以获得相关信息。根据监管要求，养老基金必须公开其投资收益结果。以加州公务员退休基金（CalPERS）和华盛顿州投资委员会管理的基金为例，我们可以发现，这些基金的平均投资收益率高于被动股票投资的收益率。通常情况下，如果明智地把此类基金组成一个投资组合，那么我们预期能够实现比被动股票投资高4%~5%的投资收益率。

这很有吸引力，但对小规模投资者来说，事情并非如此简单，因为这类基金通常会设定最低投资门槛。这类基金的投资门槛很少会低于10万欧元或等值的美元，通常情况下，最低投资额还会更高，比如500万欧元甚至2 500万欧元。也就是说，如果你打算参与一个还算不错的私募股权基金投资组合，那可需要不少真金白银。

不过，也有一些公司设立了所谓的"联接基金"，这类基金通过从许多规模较小的投资者那里获得资金，然后将其投入大型基金。许多大银行都提供此类解决方案，同时也有其他金融公司提供类似的金融产品。但欧盟规定，这类基金的投资门槛最低不得低于10万欧元。Moonfare就是一家提供私募股权基金和对冲基金投资渠道的公司。

# 第 11 章

## 巨富大学

CHAPTER ELEVEN

有一位投资家一直在精神上给予我巨大的鼓舞，在这一章我们讲讲他和他的投资经历。在我看来，他不啻投资界的珠穆朗玛峰。他的名字叫大卫·史文森，他不幸于 2021 年 5 月去世。

在解释我为什么成为大卫·史文森的拥趸之前，先让我描述一下事情的背景。在前面的章节中，我以杰里米·西格尔的统计数据为基础，阐释了长期投资中股票表现远胜于债券的理由。这一结论的核心要点是，投资人可以通过承担风险获得丰厚的收益，前提是满足以下两个条件：（1）长期稳定投资；（2）分散投资（西格尔的收益数据适用于包含大量股票的指数，而不适用于某一只特定的股票）。

然而，在包含债券的各种投资类别中，如果买入风险稍高的投资品种，投资者就会获得额外的收益。一些投资者深谙此道，例如号称"垃圾债券之王"的迈克尔·米尔肯,几乎凭一己之力他就从美国的"垃圾债券"这一细分市场获得了令人瞠目结舌的巨额财富。米尔肯的信条是,尽管发债公司通过高风险债券融资去支撑运营,并面临很高的破产风险,但只要保证投资组合具备足够的多样性,你就可以去投资这类高风险债券。这些债券组合产生的高额收益足以弥补其中一部分公司破产带来的损失。我应当补充说明一点,米尔肯后来被判内幕交易罪,被监禁了近两年,但他创立的垃圾债券概念依然存在,而且行之有效。

## • 分散风险

话题回到大卫·史文森本人。多年以来,他一直是耶鲁大学捐赠基金的投资负责人。耶鲁大学捐赠基金是一个慈善基金会,是耶鲁大学的资金提供方之一。在史文森任职期间,耶鲁大学捐赠基金的平均年收益率超过了包括其他大学基金会在内的几乎所有基金,而且收益惊人地稳定。史文森于 20 世纪 80 年代中期接管该基金,此后,基金的年均收益率约为 12.6%。

他的投资思路基于西格尔(或米尔肯)的原则,即承担相对较高的风险。此外,史文森和他的团队(大约由 30 位投资经理组成,管理着约 300 亿美元的基金)还有另外一条投资法则:将资金分散投向很多领域,而且这些投资之间不存在相关性,甚至呈负相关性,这样一来,就算东方不亮,西方也会亮。

让我来解释一下"相关性"。不同股票的表现是相互关联的。当股市大幅上涨或下跌时,绝大多数股票价格会跟随市场同向变动。但是,股票市场与某些对冲基金的收益水平相关性较弱,因此可以通过构建股票与此类对冲基金的组合来分散风险。此外,由于股票和债券的价格通常是反向变动的,投资者也可以通过组合投资股票和债券来分散风险。在这种情况下,股票和债券之间被称为"负相关"。

换言之,史文森的投资理念是,在承担高风险的同时尽可能分散投资。他并不把流动性纳入投资考量。在史文森看来,投资的关键并不在于能否退出,而是能否长期持续下去,换句话说,要保持年复一年、十年复十年的理性投资。因此,他大量投资流动性差但盈利能力强的对冲基金、私募股权基金和风险投资基金。

综上所述,史文森的投资策略可以概括为:

- 接受高风险
- 接受流动性不足
- 高度分散

一段时间以来,受到耶鲁大学捐赠基金令人惊艳的投资成绩的启发,其他很多大学基金会,以及政府及家族基金会都在投资中复制史文森的模式,现在通常被称为"捐赠基金模式"。我自己也应用过这种模式,尽管投资规模要小得多。

这是耶鲁大学捐赠基金 2020 年计划的资产分配比例：

- 对冲基金：23%
- 风险投资基金：21.5%
- 私募股权基金：16.5%
- 股票：16.5%
- 房地产：10%
- 债券和现金：7%
- 自然资源（森林等）：5.5%

也就是说，超过一半的资金被配置到对冲基金、风险投资基金和私募股权基金中，这些投资类型都属于"另类投资"。

顺便说一句，根据耶鲁大学捐赠基金 2019 年年报所披露的信息，在所有资产类别中，风险投资基金在收益率方面大获全胜。在过去 20 年里，风险投资基金的年均收益率为 106%。你没听错，是年均。

第 12 章

CHAPTER TWELVE

## 地段，地段，还是地段

2006 年，我和我的一些朋友住在瑞士楚格，那时我们读到铺天盖地的关于柏林房价非常便宜的报道，我们决定去德国首都亲眼看看是否属实。

我们在夏末安排了这次旅行。我们的第一站是希腊的米克诺斯岛上的一家酒店，酒店不尽如人意，然而价格相当昂贵。接着，我们乘飞机途经苏黎世抵达柏林，在波茨坦广场的丽思－卡尔顿酒店尽享奢华。虽然这家酒店位于最繁华的地段，价格却比希腊的普通酒店便宜得多。这让我们亲身感受到德国首都低得离谱的物价（顺便说一句，高企的物价水平也是希腊经济后来崩溃的原因之一）。第二天一早，我们正式开启了柏林房地产考察之旅。

真是太便宜了！柏林的许多住宅价格仅为苏黎世同类房产的15%~20%。但必须指出，苏黎世的住宅价格可是出了名地昂贵。然而，与欧洲其他国家首都的类似房产相比，柏林房价依然便宜得离谱。

- **奶与蜜之地**

我们仿佛置身糖果店的孩童，当机立断成立了一家房地产公司，开始收购柏林的房产。

我们购买的房产主要是公寓，总共购入 400 套公寓和一栋独立住宅楼，还有一幢坐落于库达姆大街的非常不错的写字楼，我们的办公室也设在这幢写字楼里。

在接下来的 12 年里，我们公司的员工达到 20 人左右。我们对购入的所有房产进行了翻修。具体来说，当原来的租户搬走时，我们会马上让装修团队进驻。他们与建筑师和室内设计师合作，化腐朽为神奇，把看起来就像贫民窟的废墟打造成令人赏心悦目的精致居所。然后，我们把它们挂牌出售。这些住宅都配备了全套的家具设备，完全可以拎包入住，买家往往一进门就对这样的房子一见钟情。

其中，最出类拔萃的是巴黎大街上的一处房产，这条迷人的街道与库达姆大街平行。经过我们的改造，这个原本平平无奇甚至有些破败的地方变得极为奢华。总而言之，这个项目令人非常满意，在商业上获得了极大的成功。

- **房地产市场的组成**

　　房地产有很多种类型，有零售地产（如超市、商场等）、写字楼和工业地产，还有仓库、普通和多层停车场，还包括酒店、会议中心、机场大楼、港口等，它们被统称为商业地产。另外，房地产市场还涵盖森林、农业用地和待开发的地块，以及占比巨大的民用住宅板块。

　　我预测，未来房地产市场还将保持显著增长的势头。首先，目前全球人口以每年 8 000 多万的速度增长，这种增长趋势将会持续很长一段时间，然后增长才会放缓，最终可能在 21 世纪中叶或更晚些时候完全停止增长。其次，更为重要的是，全世界每年大约有 1.5 亿人口脱离贫困，迈入中产阶级的行列。他们会产生搬入条件更为优越的新居的需求。再次，在大多数国家，中产阶级正在变得更加富有，能够为了改善居住条件支出更多。

　　此外，人们的家庭结构也在不断变化。在世界范围内，由于现代生活方式、人口老龄化和生育率下降的影响，未来将会出现更多的单身人士或丁克家庭。如前所述，我自己住在瑞士，但是我的妻子生活在丹麦，这意味着我们在两个国家都需要购置住所。

　　另一个日益增长的板块是度假地产。由于远程办公和居家的需求，新冠肺炎疫情的蔓延意外地为度假地产这一板块赋予了更强的生命力。在现代经济中，多达一半的员工可以远程居家办公。疫情防控期间，越来越多的人发现，这种生活方式既舒适又高效。

　　所有这些都意味着，我们需要面积更大、条件更好、功能更为多样化的住宅。新需求的一个典型例子是新兴的混合型居所，它是私人住宅、酒店和社群活动空间的混合体。这个想法起源于嬉皮士公社以及为老年人服务的养老社区，但在当下，混合型居所正朝着更多可能的方向延伸。

因此，新建地产项目具备充足的市场基础，同时人们也在不断翻新改造现有的居所。

- **关于房地产地段的话题**

除了我们在柏林的公司业务，我自己也曾彻底翻修 6 套住宅。每次装修我都天真地认为这次能够一劳永逸。但随后新的装置与技术不断涌现：天然气采暖取代了燃油锅炉，然后又被地暖取代；之后是装配液晶显示屏，在车库增设电源插座，添置机器人割草机以及为各种各样的设备加装遥控装置。在未来，我们可能会考虑为住宅配备等离子幕墙，改装可以为电动汽车和机器人充电的车库，搭建能够降落四轴飞行器的屋顶，等等。

这些翻新并不都是简单的装修改造，很多情况下需要改变甚至拆除房屋原有的建筑结构。因此，房产建筑本身的价值可能会贬值。事实上，拆除旧房再建新居的费用往往比翻新房屋低很多。在这种情况下，旧建筑物的价值实际上是负的。因为在建造新建筑之前，你必须承担拆除旧建筑的成本。

类似经历一次次上演，直到有一天我恍然大悟，终于意识到，建筑物总会过时，事实上，房屋建筑被淘汰的速度远比人们想象的更快。

那么，你一定已经能够得出结论：可以给房地产带来增值的因素是其所处的地段，也就是说，实际上增值的是能够住在某个地理位置的权利。

说得直接一些，拥有某个房地产所处地段的价值实际上就是经济学家所说的"寻租"。这意味着投资者能够被动地从中获得收益。由于总有些人非常渴望生两个甚至更多孩子，因此人们对住房的需求会不断增加。另外，人们追求新的生活方式，这也需要更加多元化的住宅来支撑。更为重要的是，世界范围内人均资本和生产效率以每年约2%的速度增长，即10年就可以增长20%以上，而100年就能够增长5~8倍，财富的积累会推动人们对住宅的需求。

简而言之，房地产的所有者只需躺平，就能够从商业领域的企业家所创造的价值中分一杯羹。有鉴于此，就像我在瑞士时一直呼吁的那样，政府应该尽量减少对劳动报酬和新兴企业征税，而应该增加对出售私人住宅的税收。

- **重中之重的地段**

然而，在全球范围内，房地产地段价值的增长并不均衡。社会越富裕，地段对房地产价值就越重要。越是位于核心区域，房地产整体价值中的绝大部分就越是源于地段。

实际上，位于最差位置的房地产很有可能会因地段而贬值。因为一旦富裕起来，人们就有能力选择离开那些生活条件或工作条件极为恶劣的地方。因此，我再强调一遍对房地产价值至关重要的因素：地段，地段，还是地段！

这听起来是不是类似于社交媒体的网络效应？社交媒体所遵循的规律是：人多的地方会吸引更多的人蜂拥而至，而人少的地方会更加无人问津。

当然，我们也要考虑房地产的便利性价值，比如毗邻森林、海滩或码头的地点，以及交通是否便利等实际问题，这些其实也和所处地段有关。

当然，地段对房产价值非常重要这一事实，并不会排除人们通过其他方式在房地产行业获得丰厚利润的可能性。比如对房产进行修缮改造，就像我们在柏林做的那样。但是，我们的改造并不是随意为之的，我们特意选择了那些建筑质量与所在地段无法匹配的房产进行翻新，这也是我们的项目收益令人满意的原因之一。

- **未来的好地段**

  因此，理性投资黄金地段的房地产在当时是不错的选择。但是，还有一个更加优秀的投资策略，那就是对在当下看起来不尽如人意但具有发展潜力的地段进行投资。比如，美国广袤的西部地区，慧眼独具的人会在即将建设火车站的地段进行投资；比如，二战结束后百废待兴，有人购置大片的农田，因为未来那里会修建滑雪场。

我认识几个马略卡岛当地人，他们曾和我讲述了那里的故事。过去岛上的居民不想要海岸附近的土地，因为那里的土壤不适合种植橄榄树。一个当地人曾经告诉我，有一户人家将位于岛屿中央的肥沃农田作为遗产传给了儿子，而女儿不得不在海岸边的一片贫瘠土地上安家落户。然而之后，这个岛屿变成了旅游胜地。一夜之间，女儿变得非常富有，但是继承了橄榄园的哥哥没能从接踵而来的游客那里捞到什么好处。

未来，类似的事情还会不断发生。挑战在于，要有能力预先发觉驱动地段增值的潜在因素。火车站、滑雪场、旅游胜地等已经是老生常谈，新的驱动力会是什么呢？是不是新建的港口或机场，抑或保税区或别的因素？

- **房地产基金和房地产投资信托基金**

尽管我们只有 5 个股东，但事实上我们在柏林的房地产投资是通过房地产基金来运作的。市场上的房地产基金数量众多，而且对投资者没有限制，不同类型的房地产基金的运作方式也各有不同。例如，有些类型相对被动，收益主要来自房产租金收入；而另一些类型则积极主动，会通过翻新所投资的房产获益，甚至会去建造新的房产。

有一类特殊的房地产基金，指房地产投资信托基金（REITs）。这种基金类型是艾森豪威尔总统于1960年首先发起的，旨在让普通的小投资者更为便利地参与多样化的房地产投资组合。房地产投资信托基金不用缴纳公司税，但必须分配其绝大部分利润。房地产投资信托基金在许多国家都有发行，并且在证券交易所上市交易，因此，投资者用很少的资金就能够参与投资。

对想要配置一定房地产资产的长期投资者来说，通过房地产基金投资十分具有吸引力，因为它提供了一种分散投资的渠道，可以投资于许多被妥善管理的房地产项目。除了在柏林的房地产项目，我还投资了多个由他人管理的房地产基金，到目前为止，这些基金的表现相当不错。

在某些情况下，投资者会选择直接投资住宅或公寓，然后把房产租出去获得租金，这是一种较为常见的投资操作。例如，在瑞士，在孩子长大成人的过程中，父母常常会为他们购置房产作为这些幸运儿未来的住所。我能理解，这种投资行为带来了心理上的安全感。然而，除非你恰好从事房地产方面的工作，否则我更推荐你把同样的资金投在房地产基金上。首先，房地产基金可以分散投资风险。其次，会有训练有素的专业人士来管理你的投资。再次，儿女们未来可以自由选择自己的居住地点，不会被父母事先投资的房产束缚。

事实上，这样的投资策略也从一个侧面印证了欧洲范围内颇为常见的一种历史现象。遍布欧洲乡间的已经拥有几百年历史的宏伟建筑，包括城堡、庄园、种植园、酒庄，它们的规模通常大得出奇。这是因为，当时的金融体系不像现在这样发达。因此，富有的乡绅地主们只能将所有财产都用来扩建他们美轮美奂的宫殿，即便这些建筑所处的地理位置已经无法与建筑本身的辉煌和荣耀相匹配。

# 第 13 章 CHAPTER THIRTEEN

## 也许我不该卖出少女峰的股票

"沃伦·巴菲特可能会喜欢这个项目。"

这是 2021 年我去拜访老朋友约恩时他对我说的话。与此同时,他把一份年报摆在了我的面前。

30 年前,当举家搬到瑞士楚格时,我就认识约恩了。他经营着一只对冲基金,我们经常花很多时间探讨与投资相关的问题。他的办公室里总是堆满了各种投资项目计划书和年报。约恩的工作就是研究这些报告,从中寻找隐藏的获利机会。这次他摆在我面前的这份年报,正是他从中精挑细选出的一份。

报告的封面上印着"少女峰",这是位于瑞士滑雪胜地的一条山间铁路项目。

"为什么巴菲特会喜欢这个项目?"我问约恩。

"因为它独一无二,无可匹敌。"他回答。

这个项目的特点显而易见。约恩认为，巴菲特之所以会喜欢这个项目，是因为少女峰项目符合巴菲特投资对象的特点：拥有"经济上的护城河"。毋庸置疑，少女峰项目"经济上的护城河"可谓得天独厚：铁路在巨大的少女峰岩石上穿凿而建，蜿蜒前行，一直延伸到海拔超过3 400米的山顶，在这里可以观赏欧洲最大的冰川，景色令人叹为观止。

- **走上轨道**

我把少女峰公司的招股说明书带回家读了一遍，然后我查看了这只股票的价格，我发现这只股票的实际收益率竟然接近9%。也就是说，每投资100瑞士法郎，就能从中获得9瑞士法郎的利润。我认为，未来这家公司的收入很可能会持续增长，原因之一是，越来越多的亚洲游客前往欧洲旅游，其中不乏一些人会选择搭乘列车抵达这座山的山顶。

谋定而后动，我打电话给银行，告诉他们我想购买价值400万瑞士法郎（约250万美元）的少女峰公司的股票。

这次，银行经理破天荒头一回对我下达的交易指令满腹牢骚，我几乎把他惹恼了。

他劝我说："只有什么都不懂的大妈，才会买少女峰公司的股票。它的投资者只是一群常年居住在山谷里的稍微有点儿积蓄的人，这些人几乎不知道股票是怎么回事。"

我考虑了他的劝告，但依然让他着手买入，只不过对买入价格设定了上限。几周后，虽然颇不看好这笔投资，但他还是按我的指令买入了少女峰股票。

显然，因为市值和流动性的原因，沃伦·巴菲特那样体量的巨额资金不太可能参与对少女峰公司的投资。但我花了好几个星期才把我那"区区"400万瑞士法郎投出去。准确地讲，这笔钱对巴菲特来说是九牛一毛，但对我来说可不是个小数目。我们的投资规模无法相提并论，要知道，巴菲特的公司当时市值高达约1 000亿美元。但除此之外，约恩是完全正确的，巴菲特可能会赞同约恩的判断。少女峰公司的业务具有非常突出的优势：强劲持久的市场需求以及独一无二的竞争格局。因此，就风险性而言，少女峰股票几乎可以媲美政府债券；就盈利性而言，它能够与强劲的股票比肩。这可谓两全其美！另外值得一提的是，投资币种是瑞士法郎，从长远来看，瑞士法郎会保持升值的势头。

- **让利润产生利润**

在股票市场上，你总能听到各种各样的说法，其中一些含金量颇高，而有些则是自作聪明。在我看来，其中一句话就不那么在理："你永远不会因为获利而蒙受损失。"

当然，对单笔投资来说，投资者不可能单纯地因为在交易中赚到钱而蒙受损失，但持这种观点的人，从投资行为的总体上看，往往是以亏损而告终的。大量研究表明，缺乏经验的投资者（这种人占绝大多数）在股票小幅上涨时会迅速抛售，但在股价下跌时则拼命坚持。对此有很多投资心理学上的解释，反映在交易换手率上，这一现象非常明显：通常牛市时期的成交量要比熊市时期高得多，除非市场震荡下跌。

由于急于将利润变现，或者仅仅是为了落袋为安，这些投资者很可能最终得到了一笔小规模的收益和随之而来的巨大损失。他们永远也无法像那些早期投资可口可乐、伯克希尔－哈撒韦、路威酩轩集团、脸书、谷歌、亚马逊或苹果等公司并耐心持股多年的投资者那样，最终获得成百上千倍的利润。

与前面提到的自作聪明的说法恰恰相反，著名古典经济学家、股票经纪人大卫·李嘉图说过这样一句话："截断亏损，让利润奔跑。"也就是说，应当卖出你有亏损的头寸，而保留盈利的头寸。

我们当然不能教条刻板地遵从这条投资规则，但应当理解其深意。大卫·李嘉图的投资战绩非常出众。1823年，当他去世时，他的资产估值约为1.12亿美元（以现在的购买力计算）。

- **棉花糖实验**

即使你意识到应当坚持持有那些盈利的头寸，但在实际投资操作中，能做到这点并不容易。

著名的棉花糖实验就印证了这一点。在这个实验中，实验人员告诉孩子们，他们可以选择现在就得到一块糖，也可以选择等待一刻钟得到两块糖。然后，实验人员把第一块糖放在孩子们眼前，让他们垂涎三尺。有些孩子能够坚持一刻钟忍住诱惑不去碰这块糖，而有些孩子急不可待地把第一块糖抓起来吃掉了。这项实验开始于1972年，多年的跟踪结果表明，那些能够坚持等待的孩子长大后更为成功。到今天为止，这个实验已经在不同场合重复多次，结果总是相差无几。

是的，只要投资者具有足够的定力，那么他（或她）最终总有不错的回报。如果说沃伦·巴菲特以及其他的传奇投资家有一项过人之处，那就是超过常人的耐心。

沃伦·巴菲特白手起家，逐渐积累起巨额财富，屡次成为世界首富。在自己变得富可敌国的同时，他还成就了无数投资合伙人，让他们也变得非常富有，同时他还扶持了大量高效、稳定经营的优秀企业。如果你在1965年巴菲特接管伯克希尔-哈撒韦公司的那天购入该公司100美元的股票并坚持持有，那么到2020年初，这笔投资会变成260万美元。我只是想再次强调，沃伦·巴菲特的投资才能是如此出类拔萃。

那么，是什么让巴菲特如此特别？最重要的是巴菲特如何定位与被投资公司的关系。当沃伦·巴菲特买入一只股票后，他的心理状态不会被股市的涨涨跌跌干扰。事实上，他不会去试图预测股价的未来走势。相反，从购入股票的那一刻起，巴菲特就在精神上加入了他所投资的公司。巴菲特只关注公司的业务、管理水平以及公司具备的"特殊地位"，即公司在商业生态系统中所处的位置，公司业务模式是否健康，相对于预期的长期收益，公司的市值是否被低估了。

巴菲特的投资模式是找到能够产生持久收益以及具备稳健经营管理能力的优质公司，然后收购它们，或者大量购入该公司的股票，然后长期持有，长达数年甚至数十年。巴菲特的投资原则之一是，要对被投资公司的财务可持续性有非常强的确定性，在买入公司股票之后，甚至不用去管10年后股市是否还存在。

事实上，这个道理并不复杂。为什么我会选择在买入3年后卖出少女峰公司的股票？是我受"永远不会因为获利而蒙受损失"这一刻板思维影响了吗？也许吧。一方面，那时少女峰公司的股价已经增长了70%；另一方面，我当时想把钱投在我认为预期更好的投资机会上。这些都是些冠冕堂皇的理由罢了。然而，在接下来的16年中，少女峰公司的股价涨到了我卖出时价格的3倍，公司还给股东派发了大量的股息。不仅如此，在此期间瑞士法郎相对欧元的币值还上涨了约1/3。此外，由于少女峰股票收益的稳定性和可预测性，我本可以用这些股票去质押融资，这意味着我能够用100万瑞

第二部分　投资与价值

士法郎的本金去撬动 200 万瑞士法郎的投资资产。这些操作累积下来，如果以欧元计算，我的投资本可以增值 8 倍。

希望今后我能够从中吸取教训，吃一堑，长一智。

## • 奢侈品行业

一家公司如何才能建立自己的经济护城河？当巴菲特寻找具有持久盈利能力的投资对象时，他通常会选择拥有可靠品牌的公司。可口可乐公司就是一个这样的例子。任何公司都可以复制可口可乐的产品，事实也是如此。但消费者认为，可口可乐才是名副其实的"正主"。这也是自 1886 年以来，该公司一直保持并不断扩大忠实客户基础的原因之一。

另一个有着强大经济护城河的领域是奢侈品行业，同样也是因为品牌效应。

奢侈品制造商往往拥有来自市场的强烈的品牌偏好，因此也具有巴菲特所说的经济护城河。虽然很多奢侈品都有仿制品，但还是有很多人愿意花大价钱买正品。消费者其实是在为特定的品牌掏腰包，他们不太在意货品的真实成本。

就营业额而言，奢侈品在世界经济中的占比不到 1%，但就利润而言，奢侈品行业的占比要高得多。2019 年，奢侈品品牌路威酩轩集团总裁伯纳德·阿尔诺一举成为世界首富。

- **网络效应**

另一种打造经济护城河的方法是利用网络效应。例如，我们熟知的社交网络，就是通过这一效应建立起它们的经济护城河的。随着越来越多的人使用社交网络，个人用户变得越来越离不开它。具有这种网络效应的公司通常会像病毒一样在用户间传播，它们的市值也会在很短的时间内如滚雪球般迅速增长。

脸书、谷歌、亚马逊和苹果公司都是这样的例子。耐人寻味的是，沃伦·巴菲特的公司就对苹果公司进行了大量投资。此外，巴菲特的公司还在2009年经济危机期间斥资440亿美元收购了经营铁路网络的伯灵顿北方圣太菲铁路运输公司。此后的2018年和2019年，该公司每年都能获得约50亿美元的巨额利润。与伯灵顿北方圣太菲铁路运输公司相比，少女峰公司在规模上微不足道，但我投资少女峰公司和巴菲特投资铁路公司的逻辑是一样的。对伯灵顿北方圣太菲铁路运输公司来说，也没有别的公司可与其竞争。

- **选择价值股还是成长股？**

有时分析师会把股票分为两类：一类具有高成长性，有望在未来获得高额盈利；一类增长较慢（或停止增长），但已经有不错的盈利。前者被称为"成长型股票"，后者被称为"价值型股票"。

价值型投资的领军人物是经济学教授及投资家本杰明·格雷厄姆。他聪明过人，20岁就从哥伦比亚大学毕业了。后来，他进入华尔街从事股票投资工作，与合伙人共同创立了格雷厄姆-纽曼公司。之后……你猜怎么着？他雇用了一个叫沃伦·巴菲特的雄心勃勃的年轻人。

格雷厄姆最出名的著作是《聪明的投资者》，这本书精彩地阐释了我们现在所说的"基本面分析"，即根据公司的实际价值分析来投资。如果说有什么能够被称为沃伦·巴菲特投资生涯的灵感来源，那就是格雷厄姆和他的思想。巴菲特经常说，格雷厄姆的书是有史以来最好的投资书籍。

长期来看，成长型股票和价值型股票之间的收益差距存在巨大的起伏变动。成长型股票的趋势特点可以在美国纽约证券交易所的FAANG指数和FANG+指数的变动中体现出来，后者包含10只领先的科技股。这类股票的价格往往会发生巨大的飞跃——尤其是在牛市的末期。

价值型股票的走势则相对稳定，涨幅远远落后于成长型股票，这在牛市的末期尤为明显。然而，成长型股票更容易遭遇严重的下挫，就像在2000年的股市崩盘中那样，但价值型股票会悄然度过危机。

经济结构性因素也有可能影响投资这两类股票之间的平衡。由于投资成长型股票很大程度上是看中了未来的预期收益，因此影响未来收益贴现率高低的因素对投资成长型股票至关重要。如果通货膨胀率和利率都很低,相应的贴现率就会很低,未来收益的现值则会更高。因此,低通胀率和低利率水平的经济环境更利于投资成长型股票。

但需要谨记,长远来看,乌龟是能够跑赢兔子的。在过去的 200 年间,价值型股票的平均年收益率比成长型股票多出 3 个百分点。随着时间的推移,收益的差异会积少成多。因此,长线投资者会更加偏爱投资价值型股票。尤其是在价值型股票与成长型股票之间的收益率差异已大幅缩减的时候,在撰写本书时,股票市场就是这样的情形。一般来说,只有当利率水平开始上升,成长型股票价格回落,投资者纷纷转而投资价值型股票时,市场拐点才会出现。

# 第 14 章

CHAPTER FOURTEEN

## 要小心那些光鲜亮丽的标的

1995年,高科技领域的权威研究机构高德纳集团推出了一个行业分析模型,他们称其为高德纳技术成熟度曲线,它描述了一项技术发展经历的过程(如图14-1所示):

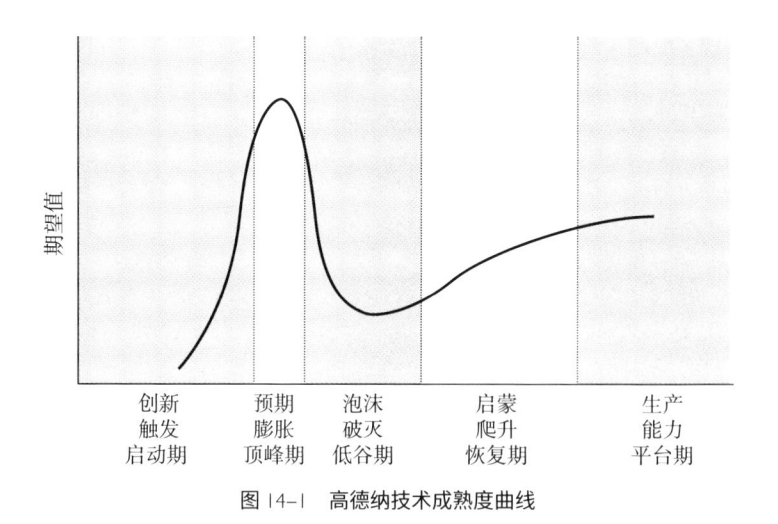

图14-1 高德纳技术成熟度曲线

创新触发启动期　预期膨胀顶峰期　泡沫破灭低谷期　启蒙爬升恢复期　生产能力平台期

接下来我们一一阐释这些阶段。

- **创新触发启动期**：一项新技术的应用发端于科技的潜在突破。早期证据印证了某一新技术概念的可行性，媒体报道蜂拥而至。然而，这一时期的技术往往无法转化为可实际应用的产品，新技术的商业可行性也尚未得到证实。许多这类技术的拥有者都依赖于"成功从吹嘘开始"的商业模式，他们在技术还未得到实际应用的时候，就假定这项技术大有可为。

- **预期膨胀顶峰期**：媒体大肆渲染了很多成功案例。然而这些公司往往很快就失败了，少部分公司成功渡过了难关，更多公司止步于此。

- **泡沫破灭低谷期**：当后期实验结果及市场应用情况不尽如人意时，对新技术的关注度就会消退。技术应用商要么深受打击彻底失败，要么设法改进产品，提高客户满意度，获得后续融资并幸存下来。

- **启蒙爬升恢复期**：这一阶段会有数家企业通过应用该项技术获益。此时的技术路线已经逐渐清晰，市场也会形成对其更为切合实际的理解。技术应用商在这个时期往往已推出更新迭代后的第二代、第三代产品。少数几家激进的公司愿意试水为先导性项目注入资金。然而，相对保守的公司仍会谨慎观望。

- **生产能力平台期**：产品逐渐成为市场主流，衡量制造商的标准更加明确。技术得到市场验证，开始广泛应用并创造价值。

这就是高德纳技术成熟度曲线模型。与许多创业者和投资者一样，我能够从商业实践中识别出它的存在。但它并不呈现为周期性运动，因此它的英文表述（Gartner Hype Cycle for Emerging Technologies）具有一定的误导性。另外，要准确识别新技术在曲线上所处的阶段非常困难。2016年，图标投资公司（Icon Ventures）的迈克尔·穆兰尼分析了高德纳技术成熟度曲线模型过去20年的数据，发现在曾被应用于模型的200项新技术中，有50项技术仅仅出现一年便销声匿迹了。也就是说，这个模型本该把它们剔除出去。

另外，我想指出的是，那些高科技或相关领域的公司，也就是处于高德纳技术成熟度曲线模型中"预期膨胀顶峰期"阶段的公司，通常被金融家称为"光鲜亮丽的投资对象"。

这些公司几乎都属于成长型公司，其中最耀眼的是所谓的"颠覆性"公司，它们试图颠覆整个行业。"颠覆性"公司的追随者往往把其产品和公司创始人当作神去崇拜，根本不在乎公司股票的估值是否合理。

有时候，这些公司的估值毫无道理可言。

如果一只股票的估值是合理的，那么，在一定年限内（比如10~30年），它就能够实现与其当前市值相当的利润。就那些"光鲜亮丽的投资对象"而言，理性的分析师往往要依靠巨大的想象力才有可能得出这样的高估值。

## • 徒有其表的投资对象

投资者应当警惕那些缺少现实机会实现预期市值增长的公司。另一种需要引起警惕的情况是，公司高管将一些时髦的概念挂在嘴边，投资者也会热捧这些抓人眼球的概念，但事实上，这些概念与公司的实际业务并没有多少关系（假定公司有业务）。自从2016年我们启动风险投资基金以来，"区块链""人工智能""微移动"等概念在投资者中掀起了一阵又一阵狂潮。特别是在人工智能的案例中，我发现一些项目完全停留在纸上谈兵的阶段：创业者向投资人描述的"人工智能"只不过是一些概念上的预测数据。同时，区块链技术在很多场景下其实也无法带来现实优势。

徒有其表的投资对象第三个值得警惕的特征是，极其抢眼的董事会成员名单。它们的董事会可能不乏深受大众尊敬的知名人士，但这些人实际上对公司所涉业务一无所知。一个著名的例子是美国Theranos公司的骗局，该公司声称可以通过非常简易的皮肤点刺试验进行血液测试，进而检测出人们是否患有严重疾病。然而实际上这根本就是天方夜谭。显然，董事会对公司隐瞒的问题并不知情，其董事会成员包括美国的两位前国务卿（基辛格和舒尔茨）、一位国防部前部长、几位退休军官，以及来自与该行业完全无关的领域的知名企业家。这份董事会成员名单确实让人难忘。然而，董事会中除了一人，其他成员对皮肤点刺试验和血液检测没有丝毫了解。对那位具有专业背景的董事会成员来说，他发现公司骗局的可能性也微乎其微，毕竟他上任时已是80岁高龄了。

顺便说一句，徒有其表的公司不一定就是初创企业。它们也可以是经过美化的已经存在了一段时间的公司，例如冠以一个时髦的公司名称。如果"鲍勃汽车修理公司"突然改名为"全球移动公司"，我们就需要提高警惕了。

所以，对徒有其表的公司，我们一定要保持警觉！请记住，本杰明·格雷厄姆和沃伦·巴菲特绝大部分的投资标的都是价值型股票。

## • 是否具备经济护城河

如果让我用一条投资准则来为本章画上句号，我想说：对一个未来会迎来巨大发展的特定市场来说，并非每一家参与其中的公司都是优秀的投资对象。如果行业内的公司不能建造自己的经济护城河，那么它们通常会相互竞争，把价格压到谁都不能盈利的较低水平。另外，即使一家公司身为市场的搅局者，也不意味着其股价一定会走弱。无论是耀眼的董事会成员名单，还是"全球移动公司"

这样响当当的名称，抑或公司宣传语中博人眼球的潮流概念，都不能给投资者带来确定的利润。

反之，拥有经济护城河的公司很可能是极好的投资对象，即使它们既不具备诱人的市场增长前景，也缺乏亮眼的历史表现。实际上，一家市盈率为10倍的经营连锁殡仪馆的公司或瑞士山地铁路公司都是很不错的投资标的。

# 第 15 章

## 闪光的古董藏品

CHAPTER FIFTEEN

2020 年初夏,我去朋友家吃晚餐。餐后他递给我一杯波特艾伦品牌的威士忌。

"你一定要尝尝这个威士忌。"我尝了一口,的确非常好喝。

我妻子告诉我,这实际上是她和父亲四年前送给我朋友的礼物,当时他们买这瓶酒花了大约 500 美元。

这酒可真贵,所以我又品尝了一口。没错,它非常美味,我觉得酒瓶上的标签看起来并不像很贵的样子,我甚至从未听过这个品牌的威士忌。

"你可以在 Lauritz.com 上花 2 000 美元买到这瓶酒。"我妻子说。她在谷歌上搜索过。在中国香港,也有一处以类似价格出售这瓶威士忌的地方。

威士忌市场到底发生了什么?我年轻的时候,威士忌不过是一种人们买了很快就会随意喝掉的酒精饮品。但现在，拍卖会上时常会出现天价威士忌。例如，2018年，一瓶1926年的麦卡伦威士忌（瓦莱里奥·阿达米酒标）在拍卖会上以110万美元的价格成交，这不过是一瓶威士忌！然而2019年，又有一瓶类似的威士忌以190万美元的价格成交。

这些古董藏品的价格实在太惊人了！知名的莱坊《2020财富报告》显示，过去10年，稀有威士忌的价格指数上涨了564%。这意味着，威士忌的价格涨幅超过了所有其他奢侈品市场以及股票市场。在2020年崩盘之前，股市在过去10年中上涨了约400%。

也就是说，投资威士忌是一条致富捷径，至少有可能是。

- **收藏品的天价可以持续吗？**

我非常怀疑是否有人真的会去喝一瓶价值超过100万美元的威士忌。我也无法确定这瓶1926年的威士忌的味道是否真的特别好喝。同样的情形也出现在葡萄酒这个品类上，陈年葡萄酒时不时地以高得离谱的天价被售出。例如，一瓶1787年的拉菲曾以约20.8万美元的价格被售出，尽管它可能已经变成了波特酒，甚至已经变质，成为一瓶醋。

然而，总有收藏品能够以高昂的价格成交。就像我在上一章提到的，我们要慎重对待股票市场那些徒有其表的投资标的，同样的道理也适用于收藏品市场。

最为匪夷所思的例子来自艺术品收藏界。2007年,一位英国艺术评论家想卖掉他收藏的一幅斯大林肖像画,这幅画作是他此前以200英镑(约280美元)的价格买下的。他把这幅画送到佳士得拍卖行,但是被拍卖行拒绝了。随后,这位艺术评论家邀请著名的后现代艺术家达米安·赫斯特给画上的斯大林添上了一个红鼻子,并在画上署了名。之后,这幅画以大约24万美元的价格被拍卖。

画一个红鼻子并署上一个签名就能赚这么多,这未免太容易了。即便少给点儿钱,我也很乐意如法炮制。赫斯特还有一件著名的作品,他以6 000英镑的价格购买了一具虎鲨的尸体,将其保存在装满甲醛的玻璃箱中,这件名为《生者对死者无动于衷》的作品后来以800万美元的价格成交。其他被拍出颠覆性天价的艺术品包括吉姆·霍奇斯扔在角落里的一件皮夹克,以69万美元成交;还有费利克斯·冈萨雷斯-托雷斯放置于地板上的一堆糖果,有人以450万美元的价格买下。

即便冒着被打上庸俗标签的风险,我也要在此申明我的观点:当代艺术领域有很多几乎是扯淡的作品。荒唐的是,一些被艺术鉴赏大师赞誉有加并认为出自著名艺术家之手的作品,实际上是猴子创作的。

让我们来看看霍利-多兰、温纳两位学者进行的实验,他们让72名大学生(其中32人来自艺术史专业,40人来自心理学专业)来比较两幅画,选出他们比较喜欢的一幅。每组的两幅画中都有一幅是知名艺术家的作品，例如吉莲·艾尔斯、弗朗兹·克兰、马克·罗恩科、赛·通布利等人的作品，另一幅则是孩童、黑猩猩、大猩猩或大象的涂鸦。从每一组的两幅画中，学生们必须选出哪一幅画更优秀，以及他们更喜欢哪一幅。在大多数情况下，学生们更喜欢艺术家的作品，但 30%~40% 的受试者选了孩童或动物的作品。这一实验可能也有助于解释为什么猴子的画能在艺术拍卖会上拍出高价。

如果你想听更多荒诞的关于当代艺术的故事，那么我强烈推荐你读读经济学教授唐·汤普森的《疯狂经济学》。其内容虽有几分戏谑，但讲的是真实发生的事情。

## • 价格与价值

在这一节，我想谈谈收藏品投资和其他基于个人爱好的投资品种。需要先说明什么是收藏品投资的价值。我认为，收藏品的价值由以下五方面组成：

- 愉悦价值：收藏者的主观感受和可能的实用价值。
- 历史渊源：收藏品问世的时间和地点，以及之后曾拥有和使用过的人。
- 稀有程度：收藏品是独一无二的吗？有几个版本存世？
- 流动性：投资者手中的现金是否充裕。

- 噱头。

换句话说，一件收藏品的价值取决于愉悦价值、历史渊源、稀有程度、流动性和噱头。对一辆新出厂的保时捷911或一瓶2017年生产的红酒来说，它们只具有愉悦价值，其价格取决于生产成本及合理的利润率。在这种情况下，它们并不算真正的收藏品。

如果一件收藏品的级别足够高，能够在宝龙、佳士得、苏富比等知名拍卖行拍卖，那么它们显然具有历史渊源、流动性、稀有程度方面的价值。收藏品的历史渊源可能非常有传奇色彩，比如，曾是理查德·伯顿送给伊丽莎白·泰勒的礼物，或者曾归英国国王亨利五世所有；也可能并没有那么出奇，比如藏品曾经的主人是一位声名不那么显赫的贵妇。

关于稀有程度，例如，一辆1920年的布加迪汽车的完美复制品的价格可能只是原装车价格的1/10，尽管其中大部分零部件都是原厂的，只不过是由几辆车拆下的零部件组装而成的。然而，这样一辆原件组装汽车的价格仅仅是一辆所有零部件都为同一编号的汽车的1/10，后者意味着所有零部件均来自同一辆汽车。我自己曾拥有三辆布加迪汽车，其中一辆是原件组装车，另外两辆都是原装车，每辆车的零部件都拥有相同的出厂编号。然而，后来我发现自己完全没有机械方面的天赋，不适合驾驶老爷车，于是我就将这几辆藏品汽车转手了。

在上面提到的唐·汤普森的书中，他认为稀有程度在《生者对死者无动于衷》的故事中扮演了重要角色。最初的鲨鱼很快就开始腐烂了,因此赫斯特找了另一条鲨鱼替换了原先的鲨鱼。

"但这到底是原作品还是身价大跌的复制品呢?"这个问题让整个艺术品收藏界深感困惑。在各种各样的回答满天飞之时,赫斯特已经开始制作更多的鲨鱼标本了。答案只能仁者见仁,智者见智了。

## • 可转换的价值

让我们简单梳理一下历史渊源、稀有程度、流动性、噱头的影响。毕竟,正是这些因素造成了收藏品市场最主要的价格波动。

首先我想指出的是:收藏品可以像货币一样提供流动性。让我解释一下,你的财富不仅仅是现金形式的。如果某种收藏品可以在证券交易所或拍卖行以不错的价格交易,它就具有货币价值。至少收藏品在一定程度上可以保值,甚至增值。

收藏品投资市场包括绘画、雕塑、古董家具和装饰艺术品、稀有的抄本或古籍、钱币、镶嵌珠宝和贵金属首饰等,另外还有昂贵的男士机械腕表(但一般不包括女士表)、收藏级的葡萄酒和古董车(尤其是跑车)。在汽车收藏方面,独特和稀有的跑车的价格往往随着时间的推移而上涨,而豪华轿车的价格一般不涨反跌。

- **追踪收藏品价格的渠道**

有很多基于个人爱好的投资品类的价格指数和市场分析。比较有参考价值的包括以下几种：

- 收藏级汽车：黑皮书（Black Book）/汽车特赏（Cars of Special Interest）、宝龙拍卖行。
- 艺术品：苏富比梅摩艺术品指数、艺术品市场研究。
- 钻石：塔西有限公司、Rapaport 钻石指导价格、戴比尔斯、安特卫普世界钻石中心、IDEX 在线钻石交易平台。
- 葡萄酒：《葡萄酒观察家》、Liv-ex 100 精品葡萄酒指数、《醇鉴》、Vinfolio 葡萄酒价格指数、佳士得拍卖行。
- 收藏手表：Collector Square（奢侈品网站）、藏品表价格走势（Watch price trend）。

人们可能会因藏品的赏心悦目，或者出于个人爱好，而对收藏品投资感兴趣。这是人之常情。收藏品投资的另一个好处是，可以在严重的经济危机中保值。1913—1920 年（包括第一次世界大战期间），美国和英国股市都下跌了 6%，然而同期的梅摩艺术品指数上涨了 125%。

在第二次世界大战及其前后的一段时期（1937—1946 年），美国股市只上涨了 7%，英国股市则完全没有上涨。与此同时，艺术品市场却上涨了 30%。在朝鲜战争和越南战争以及 1987 年股市崩盘时期，艺术品市场同样展现出强劲的走势。

人们对投资收藏品的长期收益进行了大量研究。根据梅摩艺术品指数，利润最为丰厚的艺术品投资细分领域其实是中低价位的藏品，它们不会过于昂贵，但又达到了足够等级，可以被大型拍卖行纳入拍品之列。

## • 收藏品市场和经济周期

在《艺术品市场行为的可预测性》分析报告中，研究员奥利维尔·香奈儿认为，艺术品市场走势变动比股市滞后一年左右。也就是说，艺术品市场大致在股市下跌一年后也会下挫，在股市上涨一年后也会上扬。

总体来看，随着私人财富规模的增加，我们有理由相信，收藏品的价格会随之快速上涨。由于私人财富的总额在很大程度上与房地产价格挂钩，收藏品市场会在很大程度上跟随房地产市场的走势，只是会存在一定的时滞。然后，L型趋势因素开始发挥作用。

日本就出现过这样的例子，当时其房地产价格飙升，超过了地球上其他任何国家房地产的价格水平（仅东京的房地产价值就超过了全美房地产价值的总和），这引发了艺术品市场和法拉利等豪华汽车收藏品市场的泡沫现象（如图15-1所示）。

然而，这种流动性的联动机制是双向的。当股票或房地产市场趋弱时，收藏品通常也会紧随其后，只是会稍有延迟。

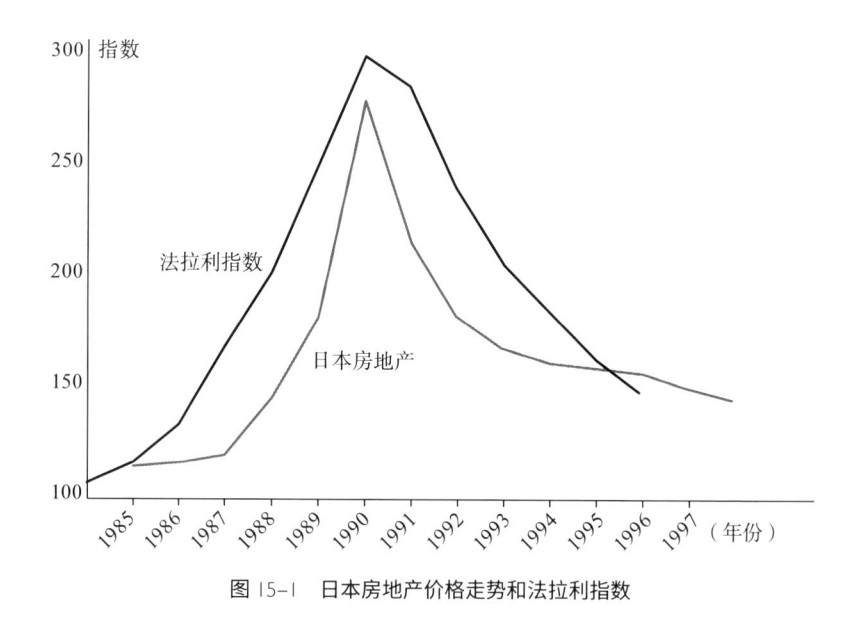

图 15-1 日本房地产价格走势和法拉利指数

## • 黄金

黄金被源源不断地从地下开采出来，但与此同时，一部分黄金也变得无影无踪。一方面是因为人们清洗黄金首饰造成部分黄金流失；另一方面是因为被开采出来的黄金中有 12% 被用于工业生产，例如制造电子产品，这部分黄金往往不会被回收。

剩下 88% 的黄金被打造成首饰或金条，今天市面上流通的黄金总量仅仅能填满一个 20 米 ×20 米 ×20 米的立方体，其总重量为 15.5 万吨左右，相当于全世界人均拥有约 20 克黄金。在本书撰写之时，黄金价格约为每盎司1 950美元，也就是平均每人拥有1 280美元的黄金。从历史角度看，黄金价格正处于高位。然而，在全球范围内，黄金的人均拥有量分布并不均匀。首先，各国央行的黄金储备并不均衡。其次，以首饰、金块、金币等形式为个人所拥有的黄金数量也是不均等的。投资者可以通过购买金条或金币的形式投资黄金，但最简单的投资方式是购买与黄金价格挂钩的交易所交易基金或期货衍生品。投资者也可以通过同样的方式投资铂金和白银等贵金属。另一种投资渠道是购买拥有金矿的上市公司的股票。

## • 钻石

那么钻石的情况呢？大约1/5被开采出来的钻石能达到"宝石级"，可以用来制作珠宝。如果把世界上所有已经切割好的钻石放在一个立方体里，那么大致能填满一个6米×6米×6米的空间，总重量约为300吨。其总价值很难被准确估计，但我认为总价值大约为5 000亿美元，相当于全球人均拥有价值约64美元的钻石。

质量上乘的钻石首饰会在拍卖会上交易，拍卖成交价略高于同级别Rapaport钻石指导价格的75%。Rapaport钻石指导价格是钻石价格行情的权威指数。事实上，钻石在拍卖会上的价格通常仅为同级别钻石在珠宝商那里售价的35%~50%，拍卖会上的成交价更接近钻石被开采后不久的批发价。另外，由于卖家和买家还需要向拍卖行支付佣金，因此钻石卖家最终往往只能得到 Rapaport 钻石指导价格的 1/3 左右。如果和富人区珠宝店里的价格相比，卖家拿到的就更低了。因此，从珠宝商那里购买钻石通常是非常不划算的。但为了爱，我们有什么钱不愿付呢？

如果你真的打算送钻石给你最爱的人，那么我建议你选择购买钻石领域的交易型开放式指数基金作为替代。（我很好奇你的爱人对此会做出何种反应。）另外，还有一些钻石投资产品的交易成本是可以接受的。

- **收藏品投资**

让我用以下几方面的观察作为对收藏品市场研究的总结。在我的童年时期，集邮是一种很常见的收藏爱好。在一些报纸上，每天都有关于邮票的专栏。如果我没记错，在周日还有整整两版都是关于邮票的内容。初入职场时，我的一个同事甚至把他所有的积蓄都投资在邮票收藏上。然而后来，邮票市场几乎完全消失了。我不得不承认，小时候我收集的邮票一张都没卖出去，至今还躺在我的地下室里。如果有人感兴趣，我很乐意低价出手。

另外，我现在确实还收藏了一些威士忌。但我常常问自己，为什么 10 年前我没买进些陈年麦卡伦威士忌呢？顺便说一句，我已经打算把我的那些威士忌藏品喝得一滴不剩了!

关键是,邮票价格何时会跌至谷底,威士忌价格何时会飙升是很难预测的。没错,你的确有可能从收藏品投资中赚得盆满钵满,但只有极少数人真的能做到这一点。部分原因是,买卖收藏品的交易成本可能极高。正如汤普森的书中所述,获取最大利润的方法通常是扶持不知名的艺术家从零开始建立品牌,一些业内知名的画廊拥有者和收藏家能够这么操作,而且确实极为有效。

出于上述原因,大多数业内有影响力的人士会建议,除非你能跻身收藏品投资领域的核心圈层,否则只凭自己的喜好来入手收藏品就好了。可以说,这些收藏品的价值就是让人心情愉悦。记住愉悦价值就好,把历史渊源、稀有程度、流动性和噱头都抛到九霄云外去吧。对大多数人来说,买一些怡情悦性的漂亮古董藏品就足够了。

[ 第 三 部 分 ]

# ➜ PART THREE

# 投资者和市场

第 16 章　　　　　　　　　　CHAPTER SIXTEEN

## 推理中存在的问题

我一直对那些试图真正理解自己思维过程的人很着迷。例如，我曾经在一本传记中读到："四岁时，丽莎就开始思考她的大脑是如何工作的。"我瞬间就被这样的情节吸引了。我四岁时，完全是另外一番光景。那时的我整天以玩乐高玩具和揪猫尾巴之类的事为乐，但在我看来，晚开窍总比不开窍强。在这一章，我想总结一些与投资思维有关的感悟。

- **关于例外情形的争论**

关于投资思维，最令我抓狂的就是把极端特例拿出来争论不休。

比如，苏格拉底说："平均而言，股票投资的收益率高于黄金投资。"而斯佩德非要辩驳："但在 1979 年，黄金投资的收益率要高于股票投资。"

用例外情形进行争论的本质是不信任统计数据。我特别厌烦这种关于极端例外的争论。

- **一鸟在手，胜过二鸟在林**

大量研究表明，大多数投资者会偏好于确定的但相对而言收益没那么高的投资，而不是存在不确定性但预期收益高得多的投资，尽管后者统计上的期望收益实际上更高。

举个例子，一种选择是确保能赚到 100 美元，一种选择是有 50% 的机会赚到 300 美元。你会怎么选择？

大多数人会选择落袋为安。这是人们过早就获利了结的原因之一。如果你还是信奉"永远不会因为获利而蒙受损失"，那么我只能无奈一笑了。

- **缺少周全的考量**

周全的考量是指不仅要分析当下投资本身的结果，还要衡量其他可能的投资选择的收益情况。假定不这样投资，而是换一种投资操作呢？用一种流行的说法就是，要进行成本–收益分析。假定我们听到下面这样一段对话：

斯佩德："我投资了X，因为它的年收益率是3%。"

苏格拉底："那你有没有考虑过，正因为投资了X，所以你错过了投资Y而获得5%年收益率的机会？"

在实践中，无视其他投资机会可能出于自我说服效应。自我说服效应会导致投资者坚持错误的投资选择，忽略机会成本，从而对更有潜力的投资机会视而不见。无视其他投资机会也可能是出于另一种认知错误：建立屏障性的心理盒子。这会使投资者孤注一掷地企图从每一项投资中获利，而不是优化整个投资组合。

- **关于结果的统计**

当我还在农业学院读书时，我有一位在丹麦技术大学读书的好友。他很聪明，擅长很多东西，而且知识渊博。但有一天，他对我说，在赌场里，他有时会使用一种简单的策略来赌博："拉斯，当玩轮盘赌时，我会等着轮盘里的球连续几次都落在黑色格子里，然后下注赌接下来球会落在红色格子里。你看，已经连着这么多次都是黑色了，再落在黑色格子里的可能性就会变得非常小。"

我简直不敢相信自己的耳朵。但无论多么努力地解释，我都无法让他理解独立事件的概率原理。在我看来，在包括玩轮盘赌的很多情况下，理解未来事件的概率完全独立于过去是非常重要的。

如果不明白何种情形下未来的事件是独立的，何种情形下它们与过去的事件有关，你就会犯灾难性的逻辑错误。人们经常以为，当一只股票已经连续上涨了一段时间的时候，接下来它就会下跌。没错，如果一只股票最近上涨太快，那么它的价格在短期内或许会出现回落。然而，股票在一段时间内连续上涨，这本身并不是接下来必然下跌的充足理由。如果一家公司经营出色，那么它的股价完全有可能连续数十年维持上涨势头。

## • 过去的已经过去了

接下来的例子就是未来事件发生概率独立性的例证。著名的对冲基金经理迈克尔·斯坦哈特麾下有多名投资经理，他将资金分配给投资经理，让他们执行各种投资策略。有时迈克尔会让投资经理了结所有头寸，并要求他们建立新的头寸。通常情况下，投资经理会改变策略，做出与之前不同的投资决定。所以，投资者会被过去的投资行为左右，而不是单纯地思考未来。归根结底，不管在什么情况下，每位优秀的投资经理都应该立足当下，在投资组合中坚持持有那些他（或她）认为正确的股票。

在我的投资操作中，我不会在意一项投资成本的高低，而是强迫自己去思考："如果现在我没有持有这些股票，那么我会买入吗？"

如果答案是否定的，我就会选择关闭头寸。事实上，这是我最重要的投资原则之一。

- **精神上的盒子**

我还想讨论一下所谓的"沉没成本谬论"，即试图通过在相同的投资上追加投入来弥补已经发生的损失。

比如，经常有投资者说："我买的股票价格下跌了，我打算补仓以降低平均成本。"

如果你认为某只股票很有潜力，那么当股价下跌时买入更多无可厚非。然而，如果你补仓仅仅是为了拉低平均成本，那么这么做并不理性。之前以过高价格买入股票这一事实与你现在的投资决策没有任何关系。还是那句话，你应当问自己："如果现在我没有持有这些股票，那么我会买入吗？我会买入多少？"

- **焦虑与恐慌**

当股市崩盘时，银行客户经理会向他们的客户发送大量简报，大意是:"不要焦虑,不要恐慌,保持平衡的投资组合。从长远看,一切都会好起来的。"

正如杰里米·西格尔得出的结论那样,如果你没来得及在经济萧条来临前卖掉股票,选择保留你的头寸往往是明智的。

我们现在来说说如何面对焦虑和恐慌的问题。当焦虑时,你可能会经历易怒、不安、(肌肉和精神)紧张、注意力难以集中、空虚、失眠、疲劳等症状。

虽然就我个人而言,我在迈尔斯－布里格斯人格类型测验(MBTI)中属于"理智型",但我必须承认,我在股市交易中经历过上述所有症状。因此我很清楚,当焦虑来临时想集中注意力真的很难,大脑皮质像一个闪烁不停的电灯一样无法正常运转。

当焦虑发展为真正的恐慌时,你还会经历颤抖、心悸、恶心或大汗淋漓等症状。当遇到股票大跌又难以入眠时,你会很容易陷入这样的状态。我的一个学生,也是我的朋友,就有过这样的经历。当时政府债券市场刚刚经历了一轮大牛市,他在市场高点加杠杆买入,突然间市场急转直下,他完全陷入了恐慌。当时他的状态非常糟糕,出现了呼吸困难以及类似心脏停搏的症状。当他慌忙赶到急诊室时,医生发现这不过是过度呼吸导致的症状。于是医护人员把一个塑料袋套在他的头上,治好了他的过度呼吸综合征,他的症状显然是由市场暴跌引发的。

当类似的事情发生时,我们的大脑就像烧坏的灯泡一样,"嘭"的一声就熄灭了。

大脑宕机了,那么是什么在持续运转呢?

继续起作用的是我们的爬行动物脑。爬行动物的大脑在进化中演化为仅用来应对饥饿、繁殖、呼吸、消化、对疼痛的反应等等,这使它的反应速度很快。这就解释了为什么蜥蜴很难被捉到。

然而不幸的是,人类的爬行动物脑虽然掌管着如此重要的任务,但其实弱不禁风,事实上,它只有杏仁大小,仅重4克。人类这4克重的爬行动物脑在处理股票交易时的表现极为糟糕。经验表明,人类的爬行动物脑会出于本能,让你在市场价格跌至谷底时选择清仓:"还不快点儿甩掉它!"如果你想不明白是什么导致了这样的行为,那么,想想受惊的蜥蜴选择断尾求生就明白了。

很有趣的是,一些心理学实验表明,那些爬行动物脑受伤的人不会感到焦虑,这使得他们玩扑克的能力明显高于普通人,而且在经历重大损失的情况下,他们更容易保持理性。所以,当进行股票交易时,你需要让你的大脑皮质专注于投资行为,让你的爬行动物脑远离所有投资决策。

你可以训练自己这样思考,但相比之下,建立清晰明确的投资策略比训练大脑容易得多。我在后面的章节会详细说明。

第 17 章　　　　　　　　　　CHAPTER SEVENTEEN

# 极度非理性和从众思维

整体而言，投资者很有可能陷入极度的非理性状态。下面是几个典型的例子。

- 1636 年之前，荷兰经历了一场郁金香投资狂热。人们会不惜重金购入一株罕见的郁金香球茎，不惜花上 "4 600 枚弗罗林、一辆新马车、两匹灰马和一套完整的挽具" 这样的高价。但没多久，郁金香泡沫破灭了。

- 1718 年，约瑟夫·爱德华·盖奇创建了南海公司，并且通过投机赚了很多钱，他还曾一本正经地试图购买波兰国王的王冠。然而，南海公司还没有做过南部海域的贸易业务就解散了，这可是它所宣称的公司成立的目的。

- 从 1929 年的高点到 1932 年的低点，美国道琼斯指数下跌了 89.2%。从 2000 年春季至 2002 年秋季，德国创业板市场跌幅达到 96%。
- 1979—1980 年，美国投资家邦克·亨特购入了世界上 1/6 的白银，将白银的价格推高了 5 倍。然后银价暴跌，他随之破产。
- 2000 年初，所有上市互联网公司的总市值是其总收入的 500 倍。
- 2017 年，有人以 4.5 亿美元买入了达·芬奇的一幅画作。

屡屡发生的群体非理性事件让我想起了一本对我来说很重要的书，书名叫《大癫狂》。这本书出版于 1846 年，作者是一位叫查尔斯·麦凯的知识广博的通才学者。

这是一本很棒的书，直到今天，对我来说它依然意义重大。正如书名所示，这本书记载了一系列关于一大群人集体陷入歇斯底里的历史事件。

人类历史上有太多例子可供作者选择。诸如疯狂的投机浪潮（例如前文郁金香和盖奇的例子）、猎巫运动、炼金术、决斗狂热、幽灵狩猎等等，甚至在历史的某个时期，每个人的戒指里都藏着毒药，准备投到敌人的酒杯中。

这些听起来极其荒谬的例子，在历史上都真实地发生过。

30 多岁时，我在滑雪度假的间隙阅读了这本书。看完这本书之后，我碰巧在翻阅报纸时看到了两张照片：一张是伊朗政府官员的合影，另一张是伊拉克政府官员的合影。伊朗政府官员人人都蓄着大胡子，而伊拉克政府的官员都留着小胡子但下巴刮得干干净净。

世界上有很多关于从众心理和集体陷入癫狂的案例。在惯常的情形下，人们的行为和想法取决于周遭的人。你蓄着络腮胡或留着小胡子，只是因为你身边的人都是那样的。你的宗教信仰往往取决于你出生在哪个国家。但如果有一个与你基因完全相同的克隆人出生在另一个国家，那么显然这个克隆人更可能信奉另一种宗教。

事实上，能和身边的人保持同样的生活方式是一件让人轻松愉悦的事情。毕竟，谁会愿意让自己不受欢迎，像个不合群的怪胎呢？唯一的问题是，你如果总是按照周围大多数人的想法去行事，就很难在投资领域取得成功。

- **"丽莎太可爱了，她的话一定是对的。"**

刚才我描述的是从众思维，接下来让我们看看个体因从众思维而犯错的例子。

让我们从引发人们从众心理的根本原因开启这个话题。它与广为人知的迈尔斯－布里格斯人格类型测验有关，该测试将人分为"理智型"和"情感型"。假设一部电梯属于"情感型"，我在一家百货大楼的电梯里按了3层的按钮，因为我想去的运动商品区就在那一层，但是，电梯依然有可能我行我素，把我带到地下室的食品区，因为它"感受"到我需要的是一块包裹着巧克力的棉花糖。幸运的是，实际上电梯属于"理智型"，尽管没有那么智能。"情感型"的人更倾向于进行社会比较，当面对难以理解的问题时，他们更容易以他人的行为作为参照，从而被影响。

换句话说，"情感型"的人属于群居动物，他们会呈现出所谓的适应态度。这类人更喜欢随波逐流，因此也更容易陷入所谓的"从众效应"或"错失恐惧"，他们的口头禅是："如果其他人都这么做，那么我也该这么做。"

在投资方面，"情感型"的人的首要问题是，更倾向于接受自己喜欢的人的观点，而不是倾听该领域真正的专家的说法。此外，他们更容易不假思索地跟随大多数人去操作，这类投资者容易在市场狂热时买入，在市场恐慌时卖出。

因此，对"情感型"的人来说，他们应该多去采纳经验丰富的投资专家的意见，而不是听从对投资所知甚少的七大姑八大姨的意见。

- **自我说服效应**

通常，人们投资就是为了赚快钱。当情况出乎人们所料，开始亏损的时候，投资者就会在心理上把这种投资重新定位为"长期"投资，这也导致投资者的损失进一步扩大。他们会坚持持有不断下跌的股票，希望有一天股价会再次上涨。

自我说服效应会加剧这种现象。在这种情况下，人们只会寻找看起来可以支持他们投资决策的信息，或者，他们会曲解信息，只为证实自己的投资决策是正确的。

后悔理论再次强化了这种效应，该理论指的是，投资者会试图回避那些证明自己进行了错误投资的行为。例如，拒绝结束一项愚蠢的投资。

正是从众心理导致了市场泡沫和崩溃。对有经验的投资者来说，如果能够正确理解群体思维何时产生以及如何运作，对他们的投资决策将非常有益。

第 18 章　　　　　　CHAPTER EIGHTEEN

## 我买下奔驰 AMG 的来龙去脉

当我还在瑞士楚格时,我收到了一封来自当地法拉利经销商的试驾邀请函,被邀请去试驾多种车型。邀请函设计得十分精美,我可以在邀请函上尽情勾选自己想要试驾的车型。因此,两周后的一个周六,我怀着期待的心情欣然前往。

与此同时,法拉利公司还为每位参与者订制了试驾计划。如果愿意一试,我还可以试驾一辆并不属于法拉利车型的奔驰 AMG GT。当时,奔驰 AMG GT 被用作一级方程式赛车的安全引导车。它是一款十分彰显个性的车,尽管它些许荒谬的长引擎盖让我联想到迪士尼动画里面的角色:狗狗高飞。

我首先试驾了三款法拉利跑车,然后去试了奔驰 AMG GT,最初我只是想随意换着试开一下。然而,刚开了不到 100 米我就改变了主意。奔驰 AMG GT 的驾驶体验非常出色!我突然觉得这才是我想要的车。

但是在这之后,我就把它忘在脑后了。直到有一天,当我沿着楚格湖的湖岸公路开车时,一辆保时捷911从我的相反方向疾驰而去。"真是辆好车!"我想。然而,随后驶来了一辆奔驰AMG GT。那一刻,我觉得奔驰AMG GT看起来比保时捷911棒多了,我在心中暗想:奔驰AMG GT实在太令人难忘了,它才是我心之所属!

- **尼克拉斯·尼古拉杰森**

如果不是因为遇见了尼克拉斯·尼古拉杰森,买奔驰AMG GT这件事可能会被我忘了。尼克拉斯拥有哥本哈根大学的信息技术学位,曾短暂地在丹麦以独立顾问的身份工作。然而,一段时间后,他关闭了自己的公司,在另一家公司谋了个职位。据知情者透露,尼克拉斯在这家公司的工作就是解决其他人都束手无策的编程问题。尼克拉斯通常会连续几天通宵工作,有时甚至人间蒸发,但之后他能拿出一套完美的问题解决方案。

然而,让尼克拉斯束手无策的是,他之前的公司还欠一些税没有缴。税务局把税款单据和催缴通知寄到了他原来公司的所在地址。但公司已经解散了,所以这些税款一直处于欠缴状态。因此,丹麦海关税务总署会不停地开出罚金和欠缴利息的账单,后续利滚利的税务账单纷至沓来。但是，尼克拉斯对此一无所知，直到税务人员找到他的住所，给了他一大沓税务账单。这位才华横溢的年轻数学家无法支付这些税款和罚金。因此，他被政府严格监管，并且只能从雇主那里领取最低工资，其余的钱都会被丹麦海关税务总署直接划走——这些税款恐怕一辈子都还不完。

于是，尼克拉斯搬到了瑞士，在瑞士信贷找了一份程序员的工作，并在楚格买了一栋非常廉价的住宅。

尼克拉斯出生在法罗群岛。在那里，他们家族中一位命途多舛的先辈曾因海盗罪被判处极刑，但后来被赦免了。尼克拉斯受邀参加了一场以这段家族往事为主题的派对，这场派对的举办地点是丹麦的一艘船。每个参加派对的人都被要求装扮成海盗的样子。派对进行得很顺利，最后醉醺醺的客人们还戴着眼罩，挥舞着塑料海盗刀，登上了停泊在一旁的船只。

大家玩得兴高采烈。然而很不幸，有人报警了。问题是该如何解决这件事，根据古老的《劫持法》，海盗要被判处终身监禁。毋庸置疑，将一群参加聚会的客人处以终身监禁对法院来说相当尴尬。所以法院撤销了对他们的指控。然而，尼克拉斯发现，还有一部《反劫持法》有这样一条规定：丹麦人可以向皇家法院申请一份"海盗证书"，如果国家处于战争状态，就可以获得从事海盗活动的特殊豁免权。当时丹麦正在与伊拉克开战，所以尼克拉斯给玛格丽特女王陛下写了封信请求赦免。最终这一请求被女王陛下礼貌地拒绝了，尼克拉斯却被国际海盗联合会授予了一枚荣誉勋章，从那以后他一直佩戴着这枚勋章。

## • 关于比特币的冒险

自 2000 年起，尼克拉斯参与了所谓的"赛博朋克"运动。恰恰在 2010 年，他读到一篇 2008 年的最早的关于比特币的论文，如今这篇论文已经有很高的知名度了，作者署名为中本聪。尼克拉斯读完这篇论文，感觉如醍醐灌顶，并且在 2010 年底开始购入比特币：先是投入 150 美元，接着又买入 800 美元。2011 年 2 月，他又追加了 1 000 美元。至此，他以大约每枚 1 美元的极低价格拥有了 1 000 多枚比特币。以本书撰写时每枚比特币超过 1.2 万美元的价格计算，如果他还持有这些比特币，那么他最初的投资会为他带来 1 100 万~1 200 万美元的利润。

但尼克拉斯并未止步于此。在其就职的瑞士信贷公司，他还说服几位同事，这些同事和他一样，也以极低的价格购买了比特币。当他的同事获得了巨额利润后，尼克拉斯又与同事们共同创立了比特币瑞士公司。后来，比特币瑞士公司发展成领先的区块链交易平台，并且引领了瑞士的区块链技术革命，影响深远。在从楚格到苏黎世、现在被称为"加密谷"的区域内，数百家与区块链相关的公司诞生了。

2017 年，我经人引荐认识了尼克拉斯。当我听到他的故事时，我确信，如果到了 2017 年，我还没有涉足比特币投资，就无法再称自己是风险投资家和创业者了。然而，还存在一些问题：首先，那时比特币的价格已经涨到了每枚 2 000 美元左右；其次，从经济学的角度看，我认为合理估算比特币的实际价值是根本无法实现的。我的朋友斯文·彼得森认为，如果比特币未来会取代黄金成为保值的工具，那么每枚比特币的价格应当会涨到 40 万美元左右。与之相反，一位 IT 极客告诉我，如果有朝一日量子计算机破解了比特币代码，比特币就会变得一文不值。我觉得，这两种针对比特币的截然不同的判断都很有道理。

但一直沉迷于加密货币交易的尼克拉斯对比特币市场非常乐观。他坚信，未来比特币价格会进一步上涨。我还注意到，比特币在瑞士的使用场景越来越多。例如，现在你能够在售票机上用比特币购买火车票，在楚格，你甚至可以用它们来付账。换句话说，比特币已经成为一种公认的支付手段，就连市长办公室的门上都张贴了"这里接受比特币"的标识。

我决定放手一试，从加密数字货币的浪潮中大赚一笔，尽管投资比特币违背了我许多既定的投资原则，包括"投资应当基于切实可靠的理论"，"在价格处于低位时买入"以及"不应该追逐表面光鲜的投资对象"。但就像前文所说，我怎么可能在 2017 年对投资比特币无动于衷呢？

- **猎得爱车**

回到奔驰 AMG GT 映入我眼帘的那一幕。出于游戏的心态，我把投资逻辑抛在脑后，也暂时忘记了自己的投资原则。在精神层面上，我给自己建造了一个盒子。我试图通过比特币交易赚取买一辆敞篷版奔驰 AMG GT 的钱。好在瑞士不征收汽车消费税，而且增值税的税率仅为 7.7%，这样算下来，一辆敞篷版奔驰 AMG GT 的价格约为 21 万美元。

时间来到 2017 年 11 月，那时比特币的价格几乎呈直线上涨。我并没有在比特币上投入太多资金，我建立了一个中等规模的仓位。建仓后，比特币价格一路狂飙，短短几周产生的利润已经达到车款的一半了。然而，比特币价格在冲至约 2 万美元后急转直下，我仓皇离场，最终的利润只够买一辆二手的菲亚特 500。

- **突飞猛进**

到 2019 年 4 月，比特币市场已经调整了 4 个月，价格跌到了每枚 4 300 美元以下。我习惯于将金融市场的调整阶段比作音乐会的中场休息。中场休息一结束，市场又会疯狂起来，比特币投资也上演了这样的一幕。当价格向上突破调整区域时，我再次买入比特币，用在这次行情中赚到的钱再加上一点儿从黄金投资中获得的利润，我终于赚到了买奔驰 AMG GT 的钱。这辆车现在就停在我的车库里。

需要补充的是，与此同时，尼克拉斯的比特币瑞士公司的员工规模已经扩大到 100 余人，年营业收入约 10 亿美元，市值超过 3.2 亿美元。

一切都水到渠成，尼克拉斯被财经杂志 *Bilanz* 评为瑞士 100 位最重要的金融家之一。在那之后，他买下了一座坐落于楚格湖畔的城堡，还买了一辆宾利轿车，并在引擎盖上装饰了一枚银色的比特币标志。

顺便说一句，丹麦广播公司对他用 400 万丹麦克朗现钞购买宾利轿车进行了全程拍摄，因为汽车销售商不接受比特币的付款方式。我认为这可能是丹麦广播公司记录的政治上最不正确的商业故事，但也许这正是尼克拉斯在用自己的方式向丹麦海关税务总署表明（此时他已经把欠缴的税款付清了）：世界上有些地方比丹麦更看重他的价值。

- **时光倒流去买比特币**

这个故事的寓意是什么？如果时间倒流，2010 年就去投资比特币吧，哈哈哈！

如果我在 2010 年就能认识尼克拉斯，那么他可能也会建议我投资比特币。换句话说，我能在比特币的单价为 1 美元的时候就获得投资它的机会。毕竟，我还是有投资头脑的。

所以我的教训是：多去认识有趣的人。一方面，认识有趣的人这件事情本身就充满乐趣；另一方面，你也会有机会学到更多东西。

第 19 章　　　　　　CHAPTER NINETEEN

# 人类的多样性

在 40 多年的投资生涯中，我曾遇到无数的投资者。从他们的身上，我注意到人的性格在投资中发挥的作用远远超过了智力。

请不要误解我的意思。毋庸置疑，高智商对投资有帮助，但不管你是否聪明绝顶，它起到的作用也仅仅是次要的。

关于这一点，有一个关于艾萨克·牛顿的广为人知的故事。这位给科学带来了革命性突破的巨匠还担任过英国皇家铸币局掌门人，这一职务相当于今天英格兰银行的行长。

1717 年，牛顿通过买卖南海公司股票赚了大约 550 万英镑（以现在的购买力换算），但故事远未结束。牛顿卖出股票后，南海公司的股票价格仍在上涨。旺盛的涨势诱使牛顿以很高的成本重新大举杀进。不幸的是，随后股价暴跌，当牛顿决定抛售时已经太迟了，他因此损失了 2 万英镑（大约相当于现在的 2 000 万英镑）。

不用怀疑你的耳朵，这件事就发生在天才艾萨克·牛顿身上，而且他是英国皇家铸币局的负责人，即使这样，他也会投资失败，这也许是他的爬行动物脑在作祟吧。

许多非常聪明的人都相信，因为头脑很好，比如，在高精尖领域颇有建树，他们也能在股票交易中表现非凡。还有很多天资聪颖的人认为，他们天赋异禀，所以不需要太努力就可以洞悉规律。也许对，但也不一定对。就算你是一名出色的网球运动员，也不意味着你在国际象棋比赛中就能获胜。人的性格因素会在投资行为中发挥很大的作用。下面让我们来看看性格因素是怎样让人做出错误的投资决定的。

## • "砖家"和"感受者"

让我们再看看上一章提到的"感受者"。2008年，当大骗子伯尼·麦道夫的庞氏骗局彻底崩盘时，人们惊奇地发现，居然有大量受过良好教育、财富颇丰的人把他们所有可用于投资的资金都交给了伯尼·麦道夫。对，是所有资金！2019年，当臭名昭著的恋童癖及性侵者杰弗里·爱泼斯坦第二次被逮捕时，人们发现，他曾经对亿万富翁莱斯利·H. 韦克斯纳有很强大的心理操控力。最终，韦克斯纳摆脱了爱泼斯坦。据报道，在这之前，爱泼斯坦从韦克斯纳身上骗取了大量财产。

这个世界到处都是披着迷人伪装的骗子，任何人都有可能落入他们的陷阱。然而，极少有人会陷得如此之深，以致被侃侃而谈的"砖家"骗去全部家当。在我看来，这时你应该做一个感受者，让你的直觉发挥作用，运用个人感受而不是理性分析做出判断。

## • 专注且好胜的投资者

许多有钱人都是通过经营和发展壮大公司来积累财富的，这类人通常具有顽强的意志力以及主导型人格，还具备强大的战斗意愿和能力。他们的口头禅往往是："遇到问题就一定要解决问题！"然而，这种积极进取的特质可能会成为投资中的障碍。

为何会变成障碍？那是因为他们或多或少会陷入与金融市场的角力，而不是与之共舞。典型的、富有魅力的企业家在面对问题时会本能地反抗，例如，对一项已经注定无力回天的投资项目追加更多资金。他们的信条是：每一笔投资都力求成功，尽管有确凿的证据表明这笔投资实际上是个巨大的错误，应当及时止损。

我并未见过太多这样的投资者。但我曾见证其中一些人遭受了最严重的灾难性投资损失。这种体验与观看斗牛表演有些相似，虽然我并不觉得斗牛这项运动多么有吸引力。在投资领域，投资者就像一头公牛，市场则是斗牛士。

- **偏执的投资者**

我曾经有一个非常讨厌的邻居,他是个偏执狂,不断地抱怨每一位邻居。因为有这么一位邻居,我仔细研究了偏执狂到底意味着什么。简言之,偏执型的人极度不信任他人,他们吹毛求疵,满腹牢骚,而且经常会卷入一系列是非。他们中的一些人是阴谋论者,例如,怀疑是比尔·盖茨制造了新冠病毒,断言彼尔德伯格集团和高盛公司控制了整个世界,妄想马克·扎克伯格在对他们实施窃听。

在投资方面,多疑可能是一件好事,因为它可以让你免于被麦道夫或爱泼斯坦这样的大骗子骗走全部家当,也不会像艾萨克·牛顿那样陷入投资泡沫。但在其他方面,偏执多疑会变成阻碍,由于怀疑过度,他们不相信任何人和事,从而错失了许多机会。偏执多疑导致的结果一目了然,由于从不进行任何投资,他们因此与杰里米·西格尔计算得出的巨大投资收益无缘。抑或他们只投资有形资产,比如黄金和房地产,但是从不愿意通过电子方式进行任何投资交易,也不会委托他人替自己理财投资。只投资黄金和房地产可能比完全不投资好一些,但在很多情况下,这并非理性的最优投资选择。

- **过于谨慎的投资者**

过于谨慎的投资者很难处理涉及不确定性的事物,一旦想到股票价格的起伏波动(然而股市显然就是这样的),这类投资者就会变得神经质。

过度谨慎的投资者也可能会呈现出表演型人格,以此来掩饰他们心理不成熟、情绪不稳定、装腔作势以寻求关注的实质。表演型人格的投资者会不断动摇他们的投资决策,因此他们的精神处于持续紧张状态,最终的结果是,他们往往会彻底放弃投资机会。

许久以来,我都认为金融业以吸引大批精神变态者而闻名。然而,牛津大学的凯文·达顿对这个问题进行了全面研究,他的研究结果表明,精神病患者比例最高的职业从高到低依次是首席执行官、律师、媒体从业者、销售人员、外科医生、记者、警察、牧师、厨师以及公务员。

因此,我们最好离这些人远一点儿。虽然金融从业者没有直接出现在上面列举的职业中,但我认为,金融业也不乏心理变态者。金融从业者也包括首席执行官和销售人员,这两类人也在前文列举的职业中。

精神变态者通常被定义为存在下列行为中的三种或三种以上的人:(1)犯有严重罪行;(2)为满足个人欲望或私利而说谎、欺诈或算计;(3)冲动,缺乏计划能力;(4)易怒、好斗,对他人实施身体侵害行为;(5)性格凶残,不顾及自身及他人的安全;(6)拒不履行作为一个成年人应该承担的重要责任，包括工作和家庭责任、经济义务等；(7) 当对他人造成伤害时毫无歉疚之意。

精神变态者对其他人感情凉薄，甚至根本没有感情。然而，他们往往显得充满魅力，能够熟练地掩饰他们利用和压榨他人的欲望。他们精于算计，往往能够叱咤商界，获得巨大的成功。

另外，还有自恋狂。自恋狂与精神变态者有很多共同之处，除此之外，自恋狂还表现为过度自负，并无止境地渴望得到他人的认可。自恋狂完全专注于自我，因此他们很难或根本无法理解别人的观点。然而，就像精神变态者一样，他们往往会展现出非凡的个人魅力，以此达到利用和操纵他人的目的。

人们对精神变态者避之不及，因为他们处心积虑且说谎成性。自恋狂并不完全如此，但在投资领域，自恋狂人格仍具有一定的危险性，因为自恋狂对虚假的表面成功有强烈的需求。这就导致他们在蒙受损失时会不遗余力地向他人隐瞒，从而易于滋生贪污和违反信托约定的犯罪行为。在金融领域，涉及交易员的丑闻屡见不鲜，当在未得到授权的交易中遭受损失时，他们会在后面的交易中试图弥补损失并越陷越深，最终落入金融犯罪的深渊。我认为，他们中的一部分人很可能是自恋狂。

在我看来，金融行业精神变态者和自恋狂（有时兼而有之）的存在，是任何一个国家都必须开展某种形式的金融监管和反欺诈行动的重要原因之一。

- **赌博成瘾者**

显而易见，赌博成瘾者和过度谨慎的投资者是两个极端。一个典型的赌徒会因为冒险和刀刃舔血而肾上腺素激增。前面我已经解释过，投资者为了盈利，必须承担一定的风险。但冒险者与赌博成瘾者之间的区别在于，理性的投资者将风险视为不得不承担的负面因素，而赌博成瘾者认为，承担风险本身极具吸引力。因此，赌博成瘾者在金融市场（就像在赌场里那样）频繁交易，尽管可能乐在其中，但他们的结局往往是灾难性的财务危机。此外，在更极端的情况下，赌博成瘾的行为通常是由本人在某种程度上的精神异常、反社会性人格或多动症引起的。

- **自闭症和阿斯伯格综合征患者**

自闭症患者和阿斯伯格综合征患者的社交活动往往非常受限，他们往往专注于单一且非常有限的重复性活动。他们的肢体语言技能和面部表情也存在缺陷，他们往往会避免与他人进行眼神交流。

自闭症患者和阿斯伯格综合征患者最主要的区别是：自闭症患者的语言和认知能力可能存在缺陷，但阿斯伯格综合征患者在书面和口语表达方面通常没有障碍。

少数自闭症患者被称为"自闭症学者"。这意味着，在特定领域他们会展现出非凡的能力。一个典型的例子就是达斯汀·霍夫曼在1988年的电影《雨人》中饰演的角色。患有阿斯伯格综合征的人可能很有天赋，与自闭症患者相比，阿斯伯格综合征患者的天赋往往体现在更广泛的领域。

金融业也有一些患自闭症或阿斯伯格综合征的从业者。例如，作为分析师，他们在细节中发现魔鬼的能力往往很出众，从而可以预测出股票、债券市场的未来走势。迈克尔·刘易斯在其著作《大空头》（2010年出版，后被改编为电影）中提到，有人准确预测了2008年金融危机。在我看来，根据书中的描述，他们中的一部分人很可能患有某种程度的阿斯伯格综合征。

- **你和我**

在本章的结尾，我想说，很多人，尤其是才华横溢的人，其实都有某种程度的人格障碍。这完全不成问题，有时还会起正面作用。说不定你有一位同事看上去并不像典型的阿斯伯格综合征患者，但可能处于是或不是的边界。我们一般把这类人称为书呆子。如果你想了解更多关于各种性格类型的知识，那么我推荐一本名为《精神疾病诊断与统计手册》的医师用书。这本书的封面就如同书名一样乏味，但内容很有趣。这本书十分细致地描述了每一种可能的性格障碍类型。我在撰写《金融心理学》一书时读过这本书。

对我来说，我常常会忘记很多重要的事情，包括别人的名字，我自己的旅行计划，我的手机、计算机、护照和一切重要的东西。有一次去伦敦出差，我脚上穿着两只不配对儿的鞋；还有一次，我随身的公文包里装的不是我此行要去销售的卫星通信系统产品的介绍，而是我女儿的玩具。

我也做过一些性格测试，我在前文提到，根据迈尔斯-布里格斯人格类型测验，我属于理智型。在现实生活中，我的确更倾向于先对获得的信息进行分析和研判，然后做出决策。我的理智型属性得分比平均水平高 5~6 分。同时，我可能还是世界上最糟糕的人生导师，我在细节方面表现得非常糟糕（比如会在购物时忘记买蔬菜），但我非常擅长从复杂的数据中发现趋势和规律。

基于我的性格特征，我善于从初创企业中挖掘好的投资机会，也擅长从事证券宏观交易。但在对大型成熟企业的财务状况进行细致分析时，我可能会表现得很差劲。同时，我在规划自己的日常生活方面确实很糟糕。但幸运的是，我可以花钱雇人来打理我的日常生活。

我认为，充分审视自己的性格特征对任何人来说都是非常有价值的。了解你自己可以帮助你充分运用自身的才能，同时，你也可以更好地识别自己容易犯哪些错误，有针对性地提高警惕。

[ 第 四 部 分 ]

➡ **PART FOUR**

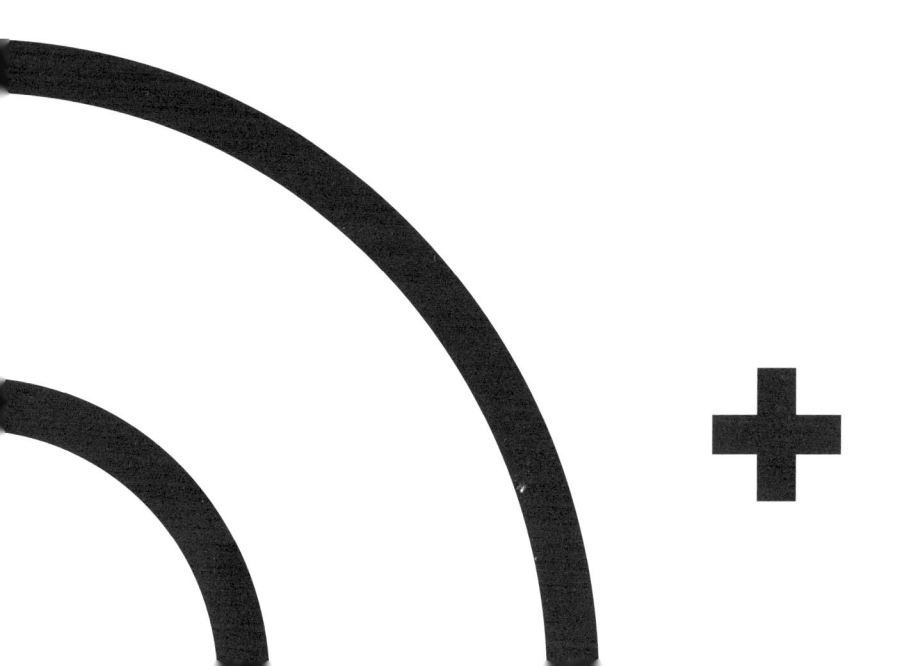

投资
实践
＋

第 20 章　　　　　　　　　　CHAPTER TWENTY

# 唐老鸭和小鸭子们

前文曾经提到,我在 2001 年 10 月创立了白鲸公司,时至今日,经营这家公司对我来说仍然乐趣无穷,这家公司主要致力于投资初创企业的对冲基金等业务。这家公司的名字是有渊源的,当公司创建之时,我正好对俄罗斯的股市走势持非常乐观的态度。果不其然,俄罗斯股市在之后的 6 年里上涨了 1 000%。

- **坠落的保险箱**

然而接下来,白鲸公司的投资策略很快就发生了变化,从只关注俄罗斯,转为关注整个新兴市场,还涉及石油和铜等大宗商品交易。

新兴市场投资从不会枯燥乏味，总是精彩纷呈。我在研究经济周期和经济危机时发现，如果一个国家破产（这在新兴市场偶有发生），那么该国的部分甚至全部政府债券将会变得一文不值，但该国的货币还会继续存在（除个别例外）。通常，该国货币的汇率首先会下降。但是汇率跌幅一旦达到一定程度，该国央行就会加息，之后币值或早或晚会停止下跌，并再次上扬。

这可是一箭双雕的投资机会！如果能从某种程度上抓住一个这样的转折点，你就能同时从高利率和上涨的汇率中获利。

经验丰富的股票经纪人都秉持这样一个投资信条：不要与美联储作对。推而广之，就是"不要与任何一家中央银行作对"。因为，所有的中央银行都可以不受约束地做以下两件事情：增发货币和提高利率。这意味着央行可以先把本国货币的汇率压到极低的水平，之后把汇率拉回高位。

如果中央银行的调控处于第一个阶段，我就会远离任何以该国货币计价的投资，因为这种调控最终可能会导致恶性通货膨胀。这种情况一旦发生，人们就得花上一大笔钱才能买到一杯咖啡，津巴布韦和委内瑞拉民众就经历过此类情形。

相反，如果央行的调控正处于第二阶段，大幅提高利率以防止汇率下跌并抑制通胀，那么我可能会很感兴趣。这种策略的主要风险是出手过早，在这种情况下进行相关币种的投资，和试图接住一个坠落的保险箱一样冒险。

- **阿根廷的破产**

这是我的一些原则性看法。现在，让我们来看看实际情况。2002 年，一个投资机会出现了，我也许能够赚到一笔可观的利润，但也有可能陷入恶性通货膨胀的泥潭。

这个机会出现在阿根廷。当然，破产对阿根廷政府来说早已司空见惯。该国自 1999 年以来就陷入了严重的经济衰退，并一直试图维持阿根廷比索对美元的固定利率，这种汇率政策离奇且欠考虑。阿根廷的货币发行量和通货膨胀率都高于美国，所以相对于美元，阿根廷比索根本没有竞争力。2001 年 12 月初，在我创办白鲸公司不到两个月的时候，阿根廷当局试图对比索进行有控制的贬值。然而不久之后，他们就彻底放弃了，于是比索的币值如自由落体般直线下降。阿根廷央行随后进行了干预，并在次年 2 月大幅提高利率，以吸引阿根廷比索的买家。

根据前文说的原则，要在中央银行试图阻止汇率下跌时顺势买入，我打电话给银行，使用美元通过货币掉期交易买入了 990 万阿根廷比索。然而，这笔掉期交易只有在阿根廷比索进一步下跌时才能生效。

两周后，我接到经纪人的电话，他告诉我交易已经生效，我买入的阿根廷比索已悉数入账。但在接下来的几天里，比索进一步贬值，我开始担心可能不得不面对 1 亿比索换一杯咖啡的惨淡结局。但后来汇率走势变了，我赚到了一笔可观的利润。

后来，土耳其也出现了类似的情况，土耳其里拉在两年内下跌了近70%。土耳其随后将利率提高到40%左右，最终阻止了里拉的下跌。

我买了数万亿里拉，这个数字听起来很荒唐，但实际上，100万里拉也就相当于1美元。这次操作也很成功，里拉币值出现了180度大转弯，我因此大赚了一笔。这是我在外汇市场上获利最高的买卖交易之一，它也让我收到了一封人生中最诡异的电子邮件：

您在11月29日到期的交易中获利1152亿土耳其里拉。请您告诉我们是想存入里拉还是想兑换其他货币。

- **谁是对手方？**

我选择将利润结算成美元。当你完成这类交易时，你可能会思考这样一个问题：我的对手方是谁？是谁把土耳其里拉卖给我的？又是谁把阿根廷比索卖给我的？之前我投资俄罗斯股票时的卖家是谁？

这是一个有趣的问题。理解金融市场最关键的是：当有人买入时，就会有人卖出。也就是说，我们不是在和某些神灵做交易，而是在和其他活生生的人做交易。

由此我们应当明白，当媒体报道中出现"空方势头强劲"或类似的消息时，你需要意识到，市场同时存在相应的强劲多方。换句话说，在成交量上，买方和卖方是相当的。值得玩味的是，每个交易者的成交量是不同的，应该说存在天壤之别。理论上，可能存在 1 000 个卖方在出售股票，而只有一个买方的情况，比如超级大户"唐老鸭"，他买下了所有股票。许多研究者关注过这种交易现象，并由此推演出一种名为"反趋势"的重要投资策略。

## • 真正的唐老鸭

在股票交易所，市场参与者通常必须向监管当局报告自己的状况。特别是在美国，因此美国证券交易委员会的统计分析工作十分完备。

我们可以将主要的市场参与者分为以下三类：

- 套期保值者（进行金融交易以对冲经营风险）
- 投机者
- 内部交易人（与他们交易的股票或债券所属公司有关联）

研究表明，套期保值者投资收益相当低，这可能是因为他们不愿意承受风险。相反，投机者的平均表现相当不错，尤其是当他们购买股票时。这是因为，他们通常是偏好风险的熟练投资者。

顺便说一句，长期投资者有时也被称为"真钱"投资者。他们倾向于在市场接近低谷时买入。内部交易人的情况呢？他们的表现也相当不错，尤其是当他们买入时。

- **小鸭子们**

那么市场中的小投资者呢？平均来看，他们的投资表现相当糟糕。例如，在牛市中，小投资者可能会相信，报纸上所有看衰的消息都证明了经济非常不健康。那些小投资者认为，除了他们自己，以及同样是小投资者的熟人和朋友，没有人真正懂得投资。市场的其余参与者，无论是对冲基金之王、养老基金经理，还是精明的瑞士银行家，都非常愚蠢，他们根本无法理解我们这些小投资者发现的市场"真谛"。

与此同时，市场在强大的群体性"愚蠢"行为的推动下不断上涨，而"聪明"的小投资者则在等待他们想象中必然出现的崩盘。最终，在已经相当高的价位上，小投资者放弃了他们的防御态度，反而开始购买那些"愚蠢得难以置信"的对冲基金之王、养老基金经理和瑞士银行家欣然卖给他们的股票，这种现象被称为"高位出货"。相反，当市场处于谷底时，大投资者从惊慌失措的小投资者那里购买股票，则被称为"低位建仓"。

有文章分析了这一现象产生的心理学基础，这种心理效应被称为邓宁-克鲁格效应，是指初学者明显高估自己能力的一种认知偏差。当在某一方面的知识积累和洞察力尚处于极低的水平时，你根本认识不到自己能力的局限性。

因此，小投资者普遍会犯错。这也是为什么会有很多关于小投资者群体投资行为的分析服务，他们的订阅用户可以据此反其道而行之。这些分析服务通常以所谓的"好友指数"为基础，指数为 100 表示小投资者对市场非常乐观，指数为 0 意味着小投资者对市场极度悲观。使用这一指数最重要的法则是：不要在好友指数达到或超过 70 的情况下买入；同样，不要在好友指数等于或小于 30 的情况下卖出。

或者，更确切地说，不管小投资者做什么，都反向操作。你要像进入这个市场最初几年时的我一样，即便你是他们中的一员。

# 第 21 章　　CHAPTER TWENTY-ONE

## 第一位洞察者

　　2001—2009 年，美国有线电视新闻网（CNN）有一句口号："做第一个知道消息的人。"我觉得这句口号相当滑稽。毕竟，你和其他数百万电视机前的观众在同时观看美国有线电视新闻网上播出的内容，因此你很难成为真正意义上"第一个"知道消息的人。不过不用太较真了……

　　在我看来，一个更好的口号应当是："做第一个理解消息的人。"例如，2020 年 2 月，已经有数百万欧洲人知道有一种新的病毒正在肆虐，但在股市真正崩盘之前，很少有人充分领会这个消息的真正含义。我们对事物的洞察力基于不断积累的大量知识。

　　还有另一个现象。股票市场价格变动本身也制造了新闻。股市价格呈现自然的上下波动，从长期看，股市价格起伏是由经济周期造成的；但从短期来看，这种起伏是由大众心理造成的。当财经评论员和其他媒体不得不撰写股评文章时，他们会从每日大量的新闻中挑选出似乎能证明价格走势合理的消息。在我 40 多年的投资生涯中，这种现象从未改变。

- **银行分析师**

如前所述，我也会与银行分析师互通消息。银行为普通私人客户和机构客户提供的市场分析服务是大不相同的。针对私人客户的分析相对简洁，没有复杂的专业术语，并且银行通常会推荐相对谨慎的投资策略；针对机构投资者的分析更为复杂，而且可能会提出风险更高的策略，这会带来更大的价格上升空间，也就意味着更大的获利机会。

几十年来，我接触了数不清的银行，我的经验告诉我，这些银行的分析师都在极其努力地为他们的客户提供最好的建议。然而在这里我不得不说，他们的建议往往是错误的。

每个人都会犯错，包括我自己。因此，我关注的不是银行的预测和结论，而是它们的论据。针对同一主题我会浏览多家银行及分析机构的判断，他们针对特定市场提供的买卖操作建议的论据可谓各有千秋。基于这些信息，对需要研判的问题我能够获得颇有价值的洞察。但最终的投资决策权仍掌握在我的手中。

- **忘记那些消息**

也许你能够从我的经历中学到一些东西。1986年，在丹麦美力滋食品公司担任首席交易员时，我就意识到，时刻关注新闻无关紧要。我指的是，在新闻发布的那一刻就确保知道其实并没有意义。

在我认识到这一点之前，情形是：在某个主要经济体即将发布关键经济指标之前的几分钟，我的银行经纪人都会打来电话。此时，我会在电话机前正襟危坐，等待电话那头用近乎喊叫的声音报过来的数字。

顷刻间，市场上各种价格开始上下震荡，对此我却什么都做不了。基于新发布的消息进行操作其实是无利可图的，因为当时股票价格已经完全反映了最新的经济走势。所以，我不得不承认，力求"做第一个知道消息的人"完全是在浪费时间。正确的说法是："消息一旦公开，就已经反映在价格上了。"

之后，我开始思索投资者应该如何处理及洞察信息。我得出的最重要的结论是：投资者应该集中精力理解信息背后的含义。就我个人而言，我宁愿一边在森林里散步、在沙发上躺着、去健身房运动、去沙滩晒太阳，一边思考那些技术、经济和政治消息背后的真正含义。这些比坐在办公室里紧盯着屏幕强多了，更别说等待着电话那头经纪人慌里慌张的聒噪了。

当我不再是屏幕上那些起起伏伏的数字的奴隶时，我总能做出最好的投资决定。

- **轻松应对价格变动**

　　这个道理同样适用于每时每刻紧紧盯着价格变动。我发现，坐在那里盯着价格曲线的波动是非常没有效率的。我宁愿选择从更长期的视角冷静泰然地观察价格变化趋势，这项工作最好选择在周末进行。我强烈建议你也这样做。

　　事实上，我喜欢从几十年前（如果没有更久远的价格数据）的视角分析当前价格的发展趋势。接下来我就会思考，从长远看，新闻里的这些事件对未来价格走势意味着什么。然后我会在价格变动图上画一些直线，这些直线是水平走向的，分别表示我认为在该价格水平上买入和卖出是明智的。这样做，我就不必把所有的时间都花在研究价格上。我已经从容冷静地提前制定好投资策略。

　　但请不要误会我的意思。在一些特殊的价格变化剧烈的时期，我会每天查看市场价格走势四五次。比如在剧烈的牛市进入尾声的调整期，此时股市已经临近峰值，即将承受更大的下跌压力。

　　在这种情况下，我会尝试着感知人们是如何交易的，与"真钱"投资者相比，谁会在"棉花糖实验"中失败。这种情况下的一种典型的市场走势是，股票市场上午上涨，但收盘价格会低于前一个交易日。我认为这样的走势意味着，那些抵挡不住棉花糖诱惑的短线操作者正在纷纷买入，"真钱"投资者却按兵不动，没有参与追高，市场很可能即将见顶。

　　听起来是不是有些过于随意？我的经验是，轻松的心态对做出正确的投资决定非常重要。如果处于激动、情绪化、焦虑或疲惫的状态，你做出决定的水准就会远逊于处于富有逻辑并且放松舒适的状态。

## • 富有洞察力的人

几年前，我再次做了一个对我来说非常重要的决定，我决定每天花 3 个小时搜集信息。当然，在某些情况下，我可能会花更多时间搜集信息。比如在 2020 年 2 月 22 日和 23 日，那时我每天花 14 个小时查阅病毒流行病学方面的信息。在某些日子里，我会少花一些时间，但每天花在搜集信息上的时间平均约为 3 小时。这种做法十分有益，因为这样我就可以利用一天中剩余的时间来消化信息，思索这些信息意味着什么。

这样做的结果是，由于只花 3 个小时搜集信息，那么在这 3 个小时内，我会竭尽所能获得最有价值的信息。

我会通过什么渠道获取信息？在聊天论坛上和很多投资者讨论吗？通过报纸或电视吗？

不，不，不。虽然在某些情况下以上渠道会是极佳的信息来源，但它们通常被称为"低权威性机构"。换句话说，它们很少能够提供最佳的知识和见解，至少在投资方面无法做到。

"这是我从报纸上看到的"，这样的消息来源并不能打动我。在我看来，通过追踪世界上最优秀的投资者和分析师，你可以获得最优质的信息来源，尤其是可以获得他们对市场极佳的洞察力。我个人会追踪最聪明的对冲基金经理、最优秀的银行分析师、最权威的金融和政治分析机构、最尖端的创新和技术资源……是的，虽然有时我也会看报和聊天，但对我来说这只是一种放松的方式。

无须多言，我也是在投入不少时间之后才发现谁是最好的"高权威性机构"的。而且，随着时间的推移，"高权威性机构"的名单会不断调整。有些专家会功力尽失，退休或离开这个行业。但总的来说，我追踪的是一个相对稳定的顶级专家小组。

一个我喜欢的信息来源是与知识丰富的人探讨我的想法。因为，如果我抛出一个观点，他们会运用他们的知识和洞察力，以明智且颇有见识的方式挑战我的想法。

- **大道至简**

我最喜欢的本杰明·格雷厄姆说过这样一句话：

无论何时，一旦发现微积分或高等代数被引入投资分析，你就要提高警惕了：它的使用者正在试图以理论代替经验。

格雷厄姆讨厌过于复杂的数学。然而现今，投资市场上有许多使用复杂数学理论的行之有效的交易系统，最近也出现了许多基于人工智能的交易策略。但我的经验是：最好的，也是最重要的见解往往是相当简单的。这些年来，我所追踪的最优秀的分析师在表达自己的观点时，从来不会过于复杂。

## • 为思考留出时间

我遇到过一些顶尖的成功人士，即便要同时处理很多事情，他们也不会让人感觉到压力很大，这是因为他们将那些操作层面的、消耗时间的任务都分配出去了，这样他们就可以用更多的时间来获取知识和深入思考。

巴菲特说，他将 80% 的时间都用在阅读和思考上。每年，比尔·盖茨都会休几周的假。领英的首席执行官杰夫·韦纳每天会花两个小时思考。当面向普通美国人的民意调查问谁是美国历史上最好的总统时，他们经常提到罗纳德·里根。里根在担任总统时颇得民心，尽管他经常因工作量过少而受到诟病。然而，里根擅长把握真正的大事，并有效地推行实施。他尽可能地把其他所有事情都委托给别人去完成。

- **理应不那么难**

如果投资让你倍感艰难，那么你可能走错了方向。如果采取了行之有效的方式，你就不应该感觉投资是一种惩罚性或耐力运动，就像你应该将燃烧的每一卡路里都视为对自己的奖励一样。

那么，最好的思考方式是怎样的？首先你要问自己一个问题，什么样的学习方式对你来说是有效的？听、说、读还是写？对我来说，是写作和阅读。对其他人来说，情况可能会有所不同。

说到深入思考，我还有一些个人偏好。第一，远离办公室，在过去的20年里，我都没有一个固定的办公场所。第二，尽量每天都进行体育锻炼，这虽是老生常谈，但运动还是很有意义的。第三，尽量每天都要晒晒太阳，从而真正体验昼夜的更替和交错。第四，尽量不去开早会，因为我更喜欢睡到自然醒，高质量的睡眠对思考至关重要。

第 22 章　　　　　　　　CHAPTER TWENTY-TWO

## 做你擅长的事

"哦，爸爸，我们本可以早点儿告诉你。"

这句话是 2013 年时我的小女儿对我说的。彼时我刚刚经历了一笔最糟糕的股票投资。事情要从 2012 年我对一家名为丰乐（Funcom）的挪威游戏公司的投资说起。最初我是从一位从事投资的朋友那里听说这家公司的，他们的故事对投资人很有吸引力。当时这家公司正在开发一款计算机游戏，想要与史诗级游戏巨作《魔兽世界》一较高下，公司股东为达成这个目标投入了大量资金。因此，这家公司花钱如流水，就像萨尔瓦多·达利画中的场景一样。

丰乐公司在众人的期待之下开发出一款比《魔兽世界》更具竞争力的游戏。这款游戏名叫《柯南时代》，由魔幻电影《野蛮人柯南》改编而来。如果在更好的软件环境下运行，这部游戏的视觉体验与《魔兽世界》相比将有颠覆性的提升。至少我听到的评价是这样的。

当然，我也从追踪丰乐公司的金融分析师那里获得了一些信息，他们的分析结论是，《柯南时代》有很大可能从《魔兽世界》的玩家那里抢得很大一部分市场份额。如果游戏成功，丰乐公司的股东将获得相当丰厚的回报。

那时的我所有心思都放在了丰乐公司的股票上。我认为这笔投资可以给我带来 20 倍以上的回报！我开始不断买进丰乐的股票，加仓、加仓、再加仓。我不断买进，股票的价格也在不断上涨。

最终，在发行时间多次延期之后，新游戏终于面世了。

但令人大跌眼镜的是，这款游戏完全搞砸了。虽然在游戏的第一个关卡玩家感觉还算有趣，但一旦进入下一个关卡，他们就会失去耐心，纷纷回归他们钟爱的《魔兽世界》。

天哪！我到底投资了什么？我突然意识到，这家体量不大的挪威游戏公司与我其他的投资完全不可相提并论，它光鲜亮丽的外表让我鬼迷心窍。

可能正是由于我不断买进丰乐公司的股票，才使得公司的股价在游戏发行前的等待期内不断上涨。

更重要的是，在鬼迷心窍的状态下，我忽略了一个实质性问题，那就是我，拉斯·特维德，是个百分之百的游戏盲，我玩过的唯一一款计算机游戏是《吃豆人》，而且是在 26 年前玩的，当时我刚刚拥有自己的第一台计算机，我曾在很短暂的时间里玩过这款游戏。仅仅是基于对游戏领域那点儿可怜的了解和直觉，我就盲目而贪婪地投资了一家制作计算机游戏的公司，我连《野蛮人柯南》这部电影都没看过。

当股票市场价格暴跌时，我觉得自己就像一个彻头彻尾的傻瓜。当我舔舐完伤口，有点儿内疚地告诉我的女儿们她们的父亲是如何在这笔投资中洋相百出的时候，我的小女儿给我补了一刀。那时，我14岁的小女儿对我说："哦，爸爸，我们本可以早点儿告诉你。"她玩过很多计算机游戏，当时对《柯南时代》的贝塔测试版特别不看好。她对我说："《柯南时代》根本没有机会与《魔兽世界》抗衡。"

我在这笔投资中差不多损失了购买一个农场的钱，只要先问问我女儿的意见，我本可以保住这个农场。

- **你该做什么？**

你应该做你擅长的事。当你年纪轻轻、资历尚浅时，不了解自己擅长做什么事情也是理所当然的。但是，随着个人的成长和发展，你的优势会自然而然地显现出来。你会发现有些事情你做起来比别人更得心应手，而在另外一些事情上，则会比别人更加吃力。当今的学校教育体系有一个核心价值观，那就是认为，所有学生在某项技能上大体上应该具备同一水平的熟练程度。然而，我一点儿都不愿意被这种一刀切的教育束缚。我必须强调一下我的观点，我认为，在人生的某些阶段，一个人应当放弃试图在自己不擅长或不喜欢的事情上过多投入以期做得更出色，相反，他应当专注于自身的优势。

以我为例，我，拉斯·特维德，计算机游戏玩得一塌糊涂，说白了，我对计算机游戏压根不感兴趣。所以我不应该把巨额赌注押在一家以电影为蓝本开发游戏的公司的身上。当然你可能会有疑问，当投资少女峰铁路公司的股票时，我不是对铁路也知之甚少吗？但少女峰项目评估起来更加简单，它独一无二。

概括来说，作为投资者，你需要找出你擅长的投资领域，在这个领域，你能够比市场上大多数参与者做得更出色。否则，从经济角度看，你最好让真正擅长这个领域的人来做这方面的投资。

这种思维方式可以进一步拓展。就我个人而言，我对事务性的工作完全不感兴趣，也不擅长这些。这决定了我的工作和生活的组织模式，我的私人生活以及公司的事务性行政工作都是委托管理公司来执行的，他们事无巨细，为我处理了各种各样的事情，这样我就可以集中精力做我最擅长的事了。

# 第 23 章

CHAPTER TWENTY-THREE

## 像保险公司那样思考

如果用一个词来概括我在投资领域的所作所为，这个词就是套利。套利是指同时买入和卖出两种不同的资产，利用两者价格或收益之差获利。利率套利是其中的一种。举个例子，当我还是学生的时候，我申请了低息的学生贷款，然后用这笔钱投资高息的抵押贷款，从中获利。

类似的操作还发生在我 25 岁的时候，当时我在丹麦美力滋食品公司（现在更名为阿尔乐）工作，我的老板向我解释了如何运用货币进行利率套利。具体来说，套利的过程是借入德国马克（欧元问世前的德国货币），然后将其兑换成丹麦克朗。这种套利可以通过较低比例的保证金来实现，如 10% 的保证金比例，即存入 10 万丹麦克朗（约为 1.6 万美元），就可以借到足以兑换 100 万丹麦克朗的德国马克（约为 16 万美元）。

这是一项不错的交易，因为我支付借出德国马克的利率低于我存入丹麦克朗的利率。这种利率收支的差异意味着我每天都能小赚一笔。如果丹麦克朗和德国马克的利率差是 2%，那么这项套利一年的收益就是 2 万丹麦克朗，所以我作为保证金的 10 万丹麦克朗的年收益率为 20%。

例外的情形是，若丹麦克朗偶然大幅贬值，我会损失一大笔钱，我将不得不一次性支付一大笔资金，可能是 10 万丹麦克朗甚至更多。我虽然在利率套利中获得的利率差额收益是确定的，但如果丹麦克朗贬值，那么我将面临损失的风险。

但我为什么仍要冒风险进行套利呢？因为平均而言，投资实践中的长期利率差额带来的收益超过币值下降的损失。这意味着，我套利交易坚持的时间越长，从套利中赚钱的总体可能性就越大。

- **卖出确定性**

当掌握利率套利的机制后，我开始和我的一个朋友一起进行这种套利交易。我们的交易规模不断增长，最终套利交易覆盖了多种低利率货币的贷款，如德国马克、荷兰盾和瑞士法郎。之后，我们把资金兑换成西班牙比塞塔、葡萄牙埃斯库多和丹麦克朗等高利率货币。

我们并不知道这些套利交易的对手方是谁，但可以推断出对手方或许是希望规避汇率风险的进出口商。通过交易，这些进出口商买入了确定性获得保障，投机者卖出了确定性承担风险。

保险公司的业务与投机者异曲同工。丹麦有一家名为 Tryg 的知名保险机构，它的每一位客户都以保费形式向保险机构支付数额很小但源源不断的资金。客户一旦开车撞到了树或意外打碎了窗户，保险机构就得赔付一大笔费用。但只要看看保险公司富丽堂皇的大理石办公大楼，大家就会对保险公司是否赚钱了然于心，保险公司保费收入的总和肯定远远大于赔付金的总和。因此，人们会觉得开办一家保险公司是一桩很有吸引力的生意。有趣的是，沃伦·巴菲特也是这么认为的。

## • 像保险公司那样思考

我认为，现在可以得出两个重要结论。

第一个结论，为自身的小意外伤害投保是没有意义的，实际上你完全可以自己承担损失。但是，我会很乐意为房子失火购买保险，而不会为窗户被打碎购买保险。如果不是绝对必要，我们为什么要去为保险公司的大理石办公大楼集资呢？

第二个结论，作为一名投资者，总体而言，你应该像保险公司那样思考问题。换句话说，就是以一种经过精确计算的方式卖出确定性，买入风险。安全和风险之间是有套利空间的。这里所谓的

"计算",还包括投资者应当只在自身可承受的损失范围内进行风险套利投资。

## • 被放大的成本与收益

在套利交易中,这些成本和收益都会被放大。我之前提到过,传统意义上的成本收益分析是对几种行为结果的权衡:(1)做某事;(2)不做某事;(3)做其他事。

然而,在套利交易中,你必须更进一步,在买进一些资产的同时进行卖空操作。

一旦理解了这种思维方式,你就会开始思考可以做空哪些资产。你能做空黄金吗?当然可以,只要你认为金价会下跌。做空原油?当然也可以。做空未来的股市波动幅度?没错,也可以。做空降雪?也是可以的。你可以根据某个地区是否会下雪进行做空交易,如果不下雪你就能赚钱。做空海运价格?可以。做空熏肉?可以。做空房地产?更是可以。做空你的丈母娘?这个万万不可,你最好别指望能做与之相反的操作(声明一下,我仅仅是举个例子,这与我的情况完全无关)。

就我个人而言,我总是觉得做空交易非常耗费心神,比如在做空股票时,当股票跌到接近零时,一点儿微小的股价变动就可能使做空合约的价格上涨数倍。因此,当进行做空交易时,你能够赚取

100%的高额利润,但损失是无穷大的,除非你进入的空头合约附加限定了损失上限。

做多的情况也类似,如果公司破产,你最高可能会损失100%,但如果股价走势良好,你就会获得数倍的收益。

这是正常的状况,但也存在极端情形。比如,2020年4月20日,西得克萨斯中间基原油期货价格跌至每桶-37美元,这意味着每卖出一桶160升的石油要支付37美元。事实上,期货合约都有到期日,期货合约的多方会在约定期限到期时收到合约中约定的商品或其他任何标的物。那些通过金融合同做多石油,但无法实际上接受石油实物的投资者,亏损将超过100%。那些本可以接受石油但要平仓了结的市场参与者,其背后原因只能是,在石油商品即将交付的时候,他们没有用来储存石油的地方。

- **西格尔投资策略的实践操作**

当然,买入看涨资产的同时卖空看跌资产是更有利可图的操作,这也是杰里米·西格尔投资策略的切入点。因为,如果股票的长期收益明显高于短期债券,那么,为什么不在做多股票的同时做空债券?或者,为什么不在投资操作中通过债券融资并买入股票?

你也许会想,假如遇到超过50%的股价跌幅,就像股市时常发生的那样,你的银行打电话要求你提供更多的保证金,但你做不到怎么办？此时你将被迫以低价出售股票。

一些投资者通过买入应对股票极端下跌情形的保单（看跌期权）来解决这个问题，但这样的操作会减少收益。

对拥有私人房产的普通人来说，他们可以将房产以尽可能高的抵押率抵押出去，然后用不是必须持有的部分资金投资股票。抵押贷款不会因股票阶段性下跌而提前终止，我就是这么操作的。不过我必须补充说明一点，这种投资方式在瑞士更有效，因为在瑞士股票收益是免税的。但需要谨记，如果无法支付抵押贷款，那么你的房子会被强制没收。因此，当有人试图让我陷入抵押贷款的泥沼时，我会确保自己可以顺利脱身。

当然，有些人就是不愿意承担债务，你如果也有这样的偏好，就应该避免负债。我的观点很简单，从长远看，如果你能够明智地进行投资，承担债务就是值得的，尤其是在债务不可被债权人随意要求赎回的时候。

第 24 章　　　　　　　　CHAPTER TWENTY-FOUR

# 时间，图表和技术分析

当我开始在美力滋食品公司做交易员时，我就已经对利率套利交易了如指掌了。那是因为我已经从事这类交易一段时间了，同时我也具备相应的经济学知识。但是，当时的我对所谓的"技术分析"几乎一无所知。

何为技术分析？它是指对投资市场本身的分析。例如，对汇率波动的分析，对买卖双方统计数据的分析，对成交量的分析等。技术分析的理念是，你可以不考虑经济状况等基本面情况，仅通过研究市场迄今为止的行为表现来预测市场未来的表现。

你应该这样做吗？

沃伦·巴菲特认为并非如此，但也有很多人持不同观点。

然而你有可能做到吗？

1986 年，银行家和经济学家的压倒性共识是，实际上你无法有效地进行技术分析，因为他们坚信，市场表现遵循马尔基尔的随机漫步法则。在那些颇具声望的投资者的眼中，技术分析师和那些命理学家、炼金术士和二手车经销商不相伯仲。然而，正如之前提到的，当我在美力滋食品公司做交易员时，我就是通过技术分析进行交易并从中获利的，也就在那个时候，我发现市场走势取决于确定性的混沌，而不是随机漫步。

因此，我认为技术分析是有效的。然而据我所知，迄今为止，还没有人对技术分析有效性的原因进行过有力的论证，打个不恰当的比方，这就像巫医在没有丝毫的科学知识的情况下找到了有效的疾病治疗方法。

在此基础上，我开始发展自己的理论，我的研究成果是《金融心理学》一书。书中探讨了大约 30 种心理现象是如何在市场投资行为中形成既定模式，进而在市场预测中产生价值的。技术分析就是基于对这些心理模式的分析。

这本书一经问世就大受欢迎，以 9 种语言出版。耐人寻味的是，尽管撰写了一本关于技术分析的冗长而复杂的书，但我在投资中对技术分析的运用相当简单。虽然我经常会遇到一些投资者，他们使用了大量复杂的技术分析方法，比如斐波那契序列、布林线指标、MACD 交叉等等，但我仅使用本章即将介绍的几种技术分析方法。

- **支撑位和阻力位**

第一种技术分析的原理非常简单，它基于投资者会因其所犯的错误而后悔，并试图消除它们的影响。假设一只股票的价格走势如图 24-1 所示：

图 24-1　走势

这种模式被称为"交易区间"。如果能够观察到这样的价格走势，我会在每次价格触及区间下限时买入，在触及上限时卖出，甚至忍不住在股价到达区间上限时卖空，以便在价格下跌时获利。但问题是，在某些时候，价格走势可能呈现图 24-2 中的情形：

图 24-2　突破

真糟糕！现在价格走势已经实现了所谓的"突破"，不再处于交易区间。相反，它可能开始了一种新的趋势。如图 24-3 中的增长趋势，其特点是不断出现比前者更高的波峰和波谷。

前一个交易区间盘整的时间越长，确认突破后就越可能出现更大幅度的趋势性价格变动。因此，无论是刚刚卖出，还是进行了卖空操作，我都必须确保在向上突破后再次买入。

这种趋势会持续一段时间，但接下来可能会发生以下情况（见图24-3）：

图 24-3　新的走势

这种走势其实会让我有一些担心。一方面是因为目前价格形成了一个较低的峰值；另一方面，价格正向低谷回落。价格波峰和波谷不断上升的走势已经结束，上涨趋势未能得以延续。总之，我会在这个位置选择卖出。

让我们假设价格处于相对的高位，在我卖出之后价格进一步下跌。

复盘之前的价格变动情况，我们可以发现形成了一个所谓的"盘整区域"（见图24-4），即价格见顶前后出现的一些锯齿状的区域。

如果价格在回落后再次上涨，这个区域会对下一次向上突破形成潜在的"阻力位"。

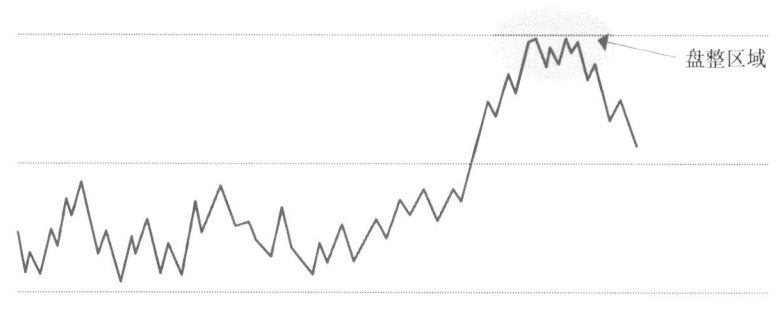

图 24-4　盘整区域

与其相对应，上一个价格峰值可以提供非常强大的"支撑"，阻止价格一路跌回之前的低谷。这是怎么造成的？原因是，投资者会后悔自己犯下的错误。对那些在之前的高点卖出股票，但在股价突破交易区间时没有买入的投资者来说，如果能在与卖出价格大致相同的位置买入，他们就想再次买入，赶上新一轮上涨。然而，那些在上一个峰值买进的投资者，当价格再次回落至峰值时，会想要卖出。在前面提到的《金融心理学》一书中，我做了更多的阐述，但更多是细节方面的描述。

所以，这就是我们看到的……市场价格支撑方向的转变，并且会在上升到之前的阻力位时出现短暂的停顿和调整。然后价格会超过这个阻力位，从而形成一个新的突破，之前的价格峰值又会成为一个新的潜在的支撑位（见图 24-5）。

在某种程度上，这就呈现出最为常见的市场走势：阻力位→支撑位→阻力位→支撑位，周而复始。然而，我必须补充说明一点，市场经常不按既定的剧本上演。

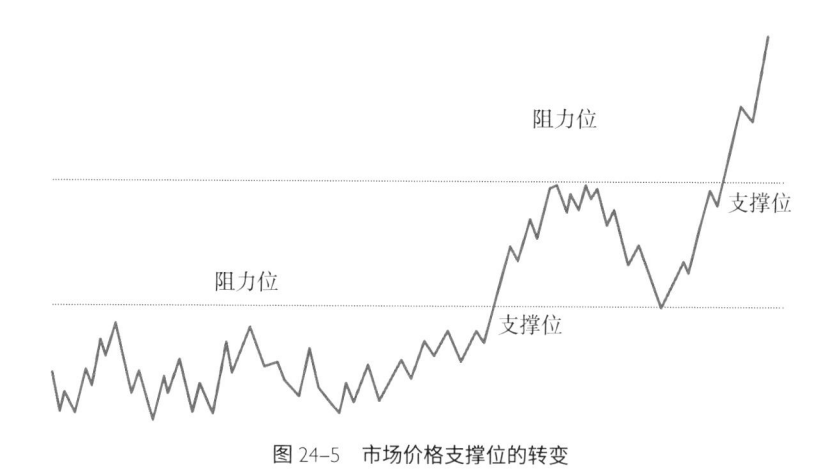

图 24-5 市场价格支撑位的转变

## • 趋势线

技术分析最简单的工具之一是，在价格变动图上画出所谓的趋势线。例如，在不断增长的市场趋势中，波谷之间可以连成一条趋势线。当然，这意味着到目前为止上升趋势至少已经经历了两个暂时的波谷，可以观察到第三个波谷经常恰好与这条趋势线重合，第四个和第五个波谷也可能如此。当市场首次跌破趋势线时，你应当睁大眼睛，有所警觉。也许你应该卖出。

趋势线同样适用于下跌市场趋势的分析——只不过指示的是相反的方向。通过在依次下降的峰值之间连成一条趋势线，我们可以识别下跌趋势何时结束。

在实践中，你也可以通过电子交易系统设置突破趋势线的自动提示，这样你就不必浪费时间实时跟踪价格变动情况了。大多数技术分析系统，如 TradingView 等，都具备这样的功能。

## • 移动平均线

我要介绍的第三种技术分析工具是价格的移动平均线。普通的平均值指一系列数值之和除以总数，但在计算移动平均值时，则是每次增加一个新数值都要执行均值计算。具体来看，超过 200 天的交易价格的移动平均线每天都要进行修正，因为它基于不断更新的最近 200 天的价格。

人们使用各种版本的移动平均线，但我始终关注 20 日、50 日和 200 日的移动平均值。当你把它们组合起来时，移动平均线的用处就会显现出来。在没有明显趋势的市场中，价格会不断围绕移动平均线上下波动，移动平均线自身也会起伏。同时，一些移动平均值在上升，但另一些会下降。

然而，当上升趋势开始时，以下情况将会发生。

- 移动平均线在当日价格的下方排列。
- 每条移动平均线都呈上升趋势。
- 最长期限的平均价格距离当日价格最远。

在下降趋势中，情况正好相反。

如果不同期限的移动平均线相交，都转向一致的方向，为明确趋势形成了正确的平均线序列，就会被认为是买入或卖出的信号。短期的移动平均线由下而上穿过上升的长期移动平均线，这也被称为"黄金交叉"，是明确的买入信号。但如果各期限的移动平均线方向不一致，那么是否形成持续的趋势性走势就更加令人疑惑了。

与其相应，反向的移动平均线变动也会形成市场负面信号，这时就不是"黄金交叉"，而是"死亡交叉"了。

## • 相对强弱指数

我关注的最后一个重要的技术分析指标是所谓的相对强弱指数（RSI）。相对强弱指数是一种价格变动速度指标，显示了在给定天数内价格在某个方向上变动的百分比。举例来说，假设你跟踪的是14日的相对强弱指数，如果价格在14天内涨幅很大，那么该指标将处于一个非常高的水平。

之所以使用相对强弱指数指标进行技术分析，是因为经验表明，当市场持续上涨时，"超买"可能会出现；当市场持续下跌时，"超卖"可能会出现。"超买"意味着价格上涨得太快，可能会引发后续的价格向下反弹；"超卖"则正好相反。

我的技术分析工具箱里差不多就是这些了。对我来说，技术分析的首要目标不是构建整体的投资策略，而是优化我进入和退出市场的时机。我很少使用技术分析来决定如何操作，但经常用技术分析来判断什么时候操作。

另外，我还会使用技术分析持续调整自己在特定市场中的风险敞口。例如，如果认为一个市场处于持续的上升趋势，但同时通过相对强弱指数观察到市场处于超买状态，我就会在一定程度上降低自己的风险敞口，但我从不会因短期技术指标而否定长期的市场趋势。在投资中永远不要逆势而为，我的朋友们。

# 第 25 章

CHAPTER TWENTY-FIVE

# 用简单的方法做明智的投资

借用拳击手迈克·泰森的名言："每个人都有一个计划，直到被一拳打在脸上。"如果泰森往我的嘴巴上打了一拳，我会立即承认：我的计划（更别说我的门牙了）会立刻飞出窗外。

金融市场也会出现类似情况，但解决方案可能是一个相当机械的策略，换句话说，这些策略往往是独立运行的。在本章中，我将着眼于三种我认为非常聪明的投资策略。

- **平衡投资组合**

让我们从"平衡投资组合"开始，其实我在前文已经讲了这个概念。简单地说，在一个平衡投资组合中，30%~40% 投资债券，其余则投资股票。银行以及政府等机构投资者，大多热衷于这种组合策略，这是因为，养老金储蓄监管规则经常要求构建类似的投资组合。

这么做的理由是什么？理由是，养老金等机构投资者倾向于获得稳定的投资回报。正如我之前指出的，当股票价格下跌时，债券价格往往呈现上涨趋势，反之亦然。而且，当政客们花了太多钱的时候，总得有人购买政府债券替他们买单。当然，我的分析有一点儿阴谋论的味道。

## • 平衡投资组合的再平衡

你如果想构建一个平衡投资组合，就意味着你必须定期对你的组合进行再平衡。例如，假设你投资组合的目标是由 70% 的股票和 30% 的债券组成的，如果近期股票价格上涨很多，那就可能意味着某天醒来，你会发现投资组合的比例已经变成了由 80% 的股票和 20% 的债券组成。该策略会自动判断此时应当卖出部分股票，以恢复原定的 70∶30 的股票与债券的比例，因此，应当在股价大幅上涨时卖出部分股票。

当股票市场出现像 2020 年春季那样的急剧下降时，投资组合会发生怎样的变化？组合的比例可能会变成 50% 股票和 50% 债券。在这种情况下，投资者需要出售一些债券，用获得的资金购买股票。总体来说，再平衡策略是相当有效的。当股市上涨时，你会自动减持股票；当股票大跌时，你会自动增加持股。

这个策略非常合理。更妙的是，债券价格的变化趋势通常与股票价格相反，不同资产类型的收益能够得失互补，这是多么明智的策略！

## • 平均成本法

基于相同的原理还有另一种策略，一般被称为平均成本法（DCA）。

平均成本法指的是在同一时间，更准确地说，是在每年的同一时间，不管当时的价格是多少，都在投资组合中买入相同金额的资产。假设有一个超市，每周一都会买入 3 美元的苹果。某个周一，苹果的价格是每个 15 美分，超市以这个价格买了 20 个苹果。接下来的周一，苹果的价格涨到了 30 美分一个，超市还是会以 3 美元买入 10 个苹果。再往后的一周，苹果的价格回落到 7.5 美分一个，超市用 3 美元买入了 40 个苹果。因此，超市会在苹果价格最低的时候买入最多数量的苹果，在价格最高的时候买入最少数量的苹果。这个策略非常明智，并且一目了然。如果你在股市上这么操作，那么你的做法显然会比大多数小投资者的做法更明智。

让我们加入一些细节性的投资要点。一是可以将平衡投资组合策略与平均成本法结合起来。二是在构建投资组合时，不要只限于股票和债券，还可以增加其他资产品种。比如，你可以参考耶鲁慈善基金和其他高度专业的投资组合，之后你也许应该考虑在自己的投资组合中增加房地产信托投资基金或其他房地产基金产品。

[ 第 五 部 分 ]

➡ **PART FIVE**

# 投资的
# 回响

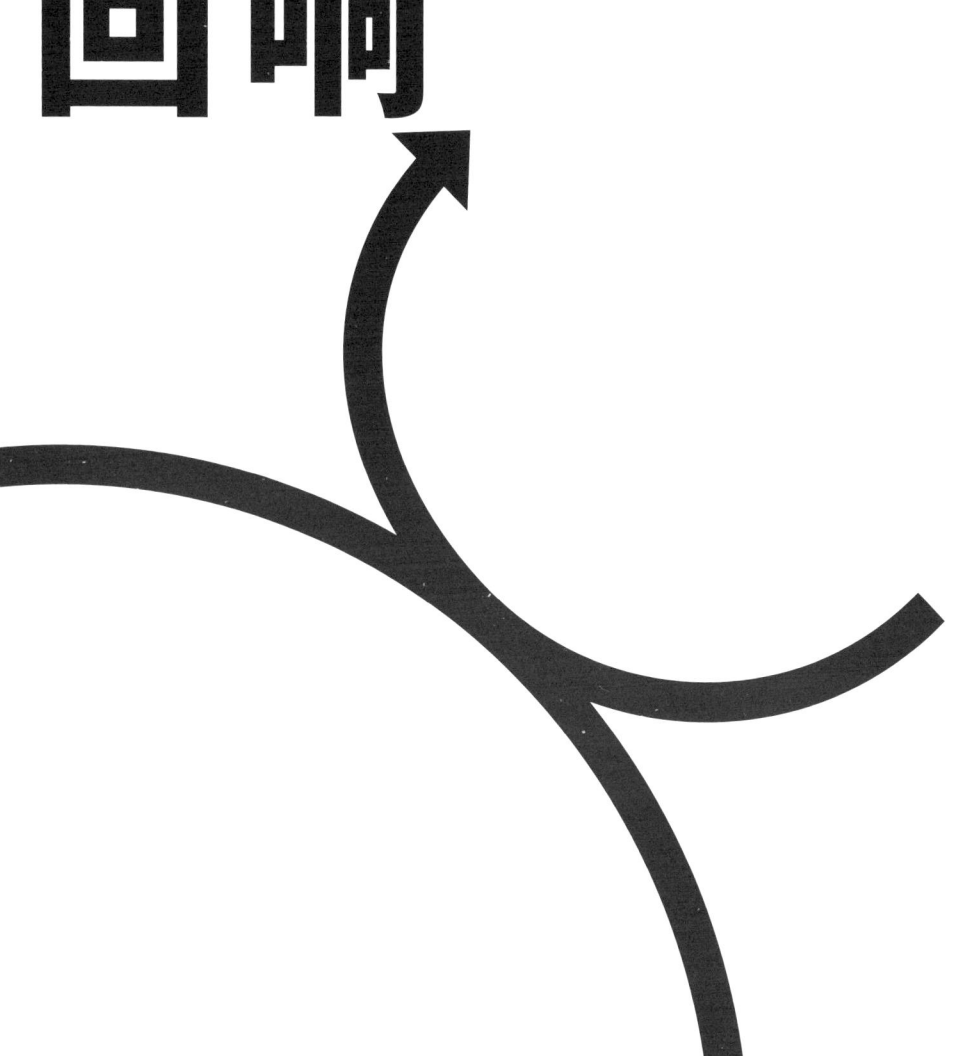

# 第 26 章

## 侏儒、蜥蜴和犹太人

CHAPTER TWENTY-SIX

　　金融家很少受到人们的欢迎。当写到这里的时候，我甚至回忆不出哪部电影正面描述过这个群体。相反，你会在电影中找到各种各样关于金融家的负面形象，比如影片《华尔街》中贪赃舞弊的戈登·盖柯，《华尔街之狼》中肆无忌惮的江湖骗子乔丹·贝尔福特，《颠倒乾坤》中傲慢势利的路易斯·温索普三世，《魔鬼营业员》中精神错乱的尼克·利森，《门口的野蛮人》中的野蛮人形象，《抢钱大作战》里的骗子，还有纪录片《大企业》中的精神病患者。

　　可以看出，人们眼中的金融家简直是恶贯满盈，你如果想像政客那样受到公众的欢迎，就去追捕"苏黎世侏儒"，羞辱伦敦的私募基金经理，或者加入占领华尔街运动。

- **招人恨的中间人**

金融家看起来就像邪恶的侏儒和蜥蜴,总是那么令人生厌。

是何缘故?在我最喜欢的一本书《黑人"乡巴佬"和白人"自由派"》(*Black Rednecks and White liberal*)中,斯坦福大学教授托马斯·索威尔描述了反犹主义的源起,原因之一就是犹太人在贸易和金融领域经常扮演中间人的角色,作为掮客,犹太人积累了大量财富,但在外人看来,他们仿佛什么贡献都没有。

"天晓得,其他人只有挥舞着犁锄铲锤等工具才能劳有所得,而你们这些该死的犹太人到底做了什么就能够如此富有?"经常有人愤愤不平地如此发问。

索威尔研究了历史上在不同国家扮演相似角色的多个族裔,包括奥斯曼帝国的亚美尼亚人、尼日利亚的伊博人、塞拉利昂的黎巴嫩人、秘鲁的日本人、印度的帕西人、缅甸的印度人和东南亚的中国人。他们都受到过类似反犹主义的歧视。例如,东南亚华侨被称为"东南亚的犹太人",塞拉利昂的黎巴嫩人被称为"西非的犹太人",印度的帕西人被称为"印度的犹太人",尼日利亚的伊博人被称为"尼日利亚的犹太人",因为他们同属于"招人恨的中间人",人们对他们积累财富的共同方式感到愤愤不平。

因此,索威尔认为,反犹主义是普遍存在的,不仅限于对犹太族裔的特定仇恨,还包括人们对中间人的憎恶。

- **自愿的双赢交易**

中间人能够撮合交易。更准确地说，他们促成并实现了一种社会功能：基于自愿的双赢活动。在我看来，这也是驱动成功的文明社会运转的代码。通过撮合交易，中间人为社会的创新、发展和繁荣做出了巨大贡献，实际上，社会的繁荣发展是能够高效达成自愿双赢交易的必然结果。

金融业的作用是居中撮合社会经济活动中与金钱有关的那部分交易。如果把一国经济想象成一个琳琅满目的植物种植园，金融市场就扮演了园丁的角色，它会按照植物生长所需提供水分和肥料，并且进行嫁接、修剪、除草、授粉和许多其他工作。缺少了园丁，种植园里的作物生长就无法达到令人满意的效果。

同样，如果没有一个运转良好的金融市场，经济增长就会停滞，社会的繁荣及福利增长就无从谈起。在2008—2009年的金融危机中，我们就尝到了这种滋味。当时金融业陷入瘫痪，这可不是开玩笑。事实上，这次金融危机导致了难以计数的破产和无尽的痛苦。2009年夏天，我刚好在希腊，那里的自动取款机每人每天最多只能取40欧元，这是多么荒诞！

我们需要一个高度智能化且具有复杂性的金融体系，这是因为，世界的进步需要以持续不断的技术创新、人才培养、公司发展、建筑新建、商品流通等因素为前提条件。所有这些因素都需要在正确的时间、正确的地点，以正确的方式提供的资金的支持。因此，金融市场实际上是在执行一项极其复杂的任务。

当然，金融市场也带来一些负面影响。正如我在前文已经描述的，金融市场会肆意制造泡沫、狂热和恐慌，同时也像所有其他行业一样，金融领域也会存在"砖家"和骗子。尽管如此，一个运转良好的经济体离不开功能完备的金融体系。

## • 互惠互利

因此，我完全不同意人们对金融家的刻意歪曲和贬低羞辱。在对这种偏见感到郁闷的同时，我想谈谈另外两种对金融行业的常见误解。其中的一种认为，金融是一种零和游戏，即一方的获利只能以牺牲另一方的利益为代价。当然，在很多单笔交易中，交易双方都无法预知谁会赢谁会输。

然而，对整个社会来说，金融市场的整体效应绝对不会为零，它的作用是非常正向的。毕竟，社会不是一块蛋糕，而是一间烘焙工坊。或者沿用我之前的比喻，整个社会的经济活动不是一朵花，而是一个生机勃勃的种植园。

假设没有人愿意投资股票，我指的是绝对意义上的一个投资者都没有，但是人们不会因此而停止消费，只是没有人愿意在商业活动中承担风险。没有一个投资者愿意承担丝毫的风险，相反，人们都指望其他人去承担风险。他们中还有一些人，甚至站在他们认为舒适的安全距离之外，肆意嘲讽和批评那些勇于承担风险的"傻瓜"。如果整个社会对金融的态度是这样的，经济活动就会停滞不前，我们只能集体回归穴居生活。

让我进一步解释一下。黄金和现金的长期回报率相当低，几个世纪以来，人们通过投资股票获得的收益远远超出其货币购买力。原因在于，与黄金和现金不同，公司能够创造财富。事实上，公司创造了惊人的财富。投资者因此而获得丰厚的收益无可厚非，否则他们也不会进行投资。消费者也会从公司提供的产品和服务中获益，这些产品和服务还会随着时间的推移而不断完善。公司员工会获得劳动报酬。同时，政府会通过所得税、公司税、增值税等获得税收收入。事实上，公司创造的价值以各种各样的方式被广泛地分配到社会经济活动的参与者手中，经济学家威廉·D.诺德豪斯计算得出，美国的企业家只获取了他们创造的价值增量的4%左右。剩下的部分都回报给了社会的方方面面。

因此，将金融市场等同于零和游戏是一个巨大的谬论。

另一个常见的误解是，认为投机活动是邪恶的或有害的。实际上恰恰相反，理由正如我之前所描述的，市场需要愿意卖出确定性的投机者，这样其他市场参与者才能买入确定性。

前文指的是公司在商业经营上的确定性。就像人们在没有保险的情况下不愿意去建造房屋一样。如果一家公司无法对冲经营中所面临的各种风险，那么它将大大缩减其投资规模。这些风险包括铝、石油、美元、资本等的价格波动，甚至是天气状况的变化等不胜枚举的因素。如果一家公司将其经营状况测算建立在所有变量都不断波动的商业环境上，那么它会趋向进行更少的风险投资。

经营中的公司也需要可以随时灵活买卖的债券、股票、大宗商品、流通货币等资产的保障。

因此，必须存在一个庞大的、富有流动性的市场来对冲风险及执行交易，这就是投机者对我们的社会起到的作用。

# 第 27 章

CHAPTER TWENTY-SEVEN

## 人生课堂中的有益历练

在我看来，投资是对一个人的理性思维持久和高效的训练。因此，为了更好地进行投资，我们需要对许多自身的情绪和本能反应加以控制。这一要求同样适用于许多其他苛刻的行业。例如，如果没有学会如何克服恐惧，你就不可能成为一名真正的特种部队士兵、宇航员或赛车手；如果没有学会如何应对疲劳和疼痛，你就不可能成为一名成功的马拉松运动员。

- **清晰思考**

投资者需要学会如何应对非理性思维。在有限的备选项中做选择，是导致非理性思维的一项主要原因，也是本书探讨的主题之一。也许你的直觉会告诉你，你最终的财务目标是摆脱债务，你可以选择努力实现这个目标，也需要考虑其他选项，比如保留一定的债务，以实现比零负债更高的资产净值。从根本上看，你应当做出能够让你过得最幸福的选择。但在达到这个目的之前，你需要理性地考虑任何可选择的方案，也就是说，你应当对你的选择进行成本－收益分析。

这就是我们在讨论理性与非理性决策时所涉及的内容。也许你的直觉告诉你，你应当卖出投资组合中目前浮盈最高的股票，但理性的选择应当是，卖出未来盈利预期最低的股票。这样的例子还有很多，你可能会在数种不同的投资决策之间举棋不定，你的情绪会主宰你当下的选择。

漫长的投资生涯给了我一项令我受益匪浅的免费奖励，那就是投资交易迫使我建立了理性思维的习惯，我将它应用于生活的方方面面。例如，我的投资原则是把每一天都当作一个新的开始，我会从全新的视角评估整个投资仓位，这种思考方式对很多投资之外的事情也大有裨益。例如，在居住地点的选择上，你可以尝试问问自己："如果之前不住在这里，那么我现在还会选择居住在这儿吗？"如果答案是否定的，你就可能需要考虑搬家了。

另外，从事投资工作对我有所启发的是，我不应该基于过短的时间框架以及受消息驱动的视角来工作。在生活的其他方面，我也从这些宝贵的经验中受益匪浅。比如，从长远看，花精力去保持身体健康是大有好处的，尽管从短期看，慵懒地坐在电视前要轻松、容易得多。

从事投资工作还会迫使你意识到身边其实充斥着大量的胡言乱语、虚假新闻以及无效建议。这是我从投资中深刻体会到的，意识到这一点同样对做好生活中其他的事情大有帮助。

此外还有一点，在进行投资决策时不应当基于个人喜好有选择地获取信息，而是应该从真正懂行、靠谱的业内人士那里获取信息，这同样适用于生活中其他许多领域。总而言之，作为一名投资者，投资在给我的生活增添了很多乐趣的同时，也锻炼了我理性思考的能力。另外，我还能把这种能力应用到生活的方方面面。这应该是作为一名活跃投资者所能获得的额外奖励之一。

- **积累知识**

投资还能带来另一项额外收获，对此我深有体会，出于投资的需要而搜集特定领域信息的行为让我收获颇丰。

当然，阅读各种各样有关天下事的图书也是一件乐事。但对我来说，真正吸引我的是那些实际的、有用的知识。我发现，出于投资的需要，我需要积累非常多的知识以帮助我做出正确的投资决策。因此，投资激发了我积累各种知识的动力，让我去探索和洞察世间万物：技术、经济、生活方式、科学，包罗万象。这个过程也在很多投资以外的领域对我有所帮助。例如，正是出于对金融的兴趣，我对经济周期进行了深入研究，这帮助我找到了跨越周期的方法，不仅限于投资领域，也包括公司的管理经营。

## • 固定型思维方式与成长型思维方式

2013 年，斯坦福大学心理学教授卡罗尔·德韦克出版了一本经典著作，书名为《终身成长：重新定义成功的思维模式》，书中描述了人们思维方式的巨大差异。一类属于固定型思维方式，即人们认为自己的性格、智力及创造力是静态的，无法发生显著改变。因此，这类人相信，成功仅仅是由于站在了一个有利的起跑线上，例如拥有好的基因。

相反，具有成长型思维方式的人会在挑战中茁壮成长，积极致力于自我提升。对他们来说，失败不是天生无能的标志，而是成长过程中的一块跳板，是需要付出更多努力的信号。

从我本人与资深投资者打交道的经历来看，他们中几乎所有人都具有明显的成长型思维方式。即使是最成功的投资者也会遭遇很多挫折，但是他们愈挫愈勇，挫折促使他们不断思考还可以在哪些方面做出改进，在哪些方面加强学习。投资者承担着财务风险，他们不能在一开始就幻想可以在所有事情上都做出正确的选择，他们涨涨落落的资金余额就是最好的证明。我从未遇到过哪位资深投资者，看起来不食人间烟火或生活在幻想中。越是娴熟的投资者，越是在心理层面处于持续精进状态，否则他们就无法保持驾轻就熟、举重若轻的状态。

## • 复利效应

知识的积累，包括对已有知识的反思，都会产生所谓的"复利效应"。这意味着，对知识的积累与反思会像资金利息一样，呈指数级增长，就像投资股票的收益一样。

基于多方面的原因，当年轻时，你想要实现知识的复利效应困难重重。那时候你往往刚刚找到人生中的第一份工作，并没有多少时间用来反思（同时可能也没有多少资金用于投资股票）。作为一名新手，你的首要任务是完成手头的工作。然而，我与金融家打交道的经历告诉我：最成功的金融家往往会在职业生涯的最初阶段抽出时间进行深度反思。他们也由此收获了知识的复利回报。随着知道、理解的事物的增加，你能够获得更多的新见解和洞察。当下学得越多，意味着未来你学到的越多。

在投资生涯的早期，我就发现了这种复利效应，并且它存在于生活的方方面面。例如，在与所有人交往时都保持得体，不管他们是否能立即给你带来回报，这将为你的人生带来复利效应；始终保持守法诚信，保持身体健康，这么做的好处也会呈现复利效应；此外，还包括其他很多事。所以，我要再次强调，不仅是金融领域存在复利效应，生活中也一样。正是我的投资经历让我对复利效应有了更为深远的理解。因此，今天的我会在生活的各个方面寻找复利效应。

最后，我想用一句话来总结本章：积极的投资态度可以极大地促进个人成长，投资就像人生最好的学校，让人从艰苦的磨炼中成长和获益。

第 28 章　　　　CHAPTER TWENTY-EIGHT

# 金钱、幸福与生活

　　我将用一些我对金钱、幸福与生活的思考来结束本书。我不会虚张声势，因为我深刻地意识到，每个人都有不同的性格特征、道德判断、文化背景等。因此，每个人都有属于自己的幸福之路和特定的生活方式。那么，对此我有什么独到的见解呢？

　　其实并没有。但这是一本关于投资与财富的书。仅从这个角度出发，我想根据个人经验发表一点儿拙见。

　　先谈谈有关金钱的内在悖论。几乎每个人都渴望拥有更多的财富，无论是护士、研究人员、学生、艺术家、政治家、农民、领取社会保障金的穷人还是依靠养老金生活的老年人，他们都想拥有更多的财富，期待挣更多的钱，缴更少的税。但这是一个悖论，许多人同时声称金钱并不能使人更加幸福。

　　该如何理解这种悖论呢？我能想到的唯一解释是：很多人认

为，金钱能让他们更加幸福，但换到别人身上，钱就换不来幸福了。

- **金钱和自由**

关于金钱与幸福的话题，科学研究有何解释？事实上，人们对幸福的课题进行了大量严谨的研究。例如，世界幸福数据库就这个问题得出以下结论：研究表明，总体来看，生活在拥有极大个人自由的富裕社会中的人们最快乐。因此，就个人幸福而言，金钱和自由都是好东西。当然还有很多其他因素也十分重要，比如家庭和朋友，但从世界范围看，金钱和自由是获得一般意义上幸福感的两个最重要的决定因素。

两者中自由是最重要的。说到金钱，世界上最著名的研究幸福的学者鲁特·维恩霍芬的研究表明，财务上的自由对幸福感影响最大。换句话说，拥有能够把自身的时间和精力花在最想做的事情上的自由创造了最大的幸福感。

- **体验比拥有更有趣**

把金钱想象成一个盒子，盒子里装满了可以兑换任何东西的兑换券。拥有它的人可以自由决定是否使用每一张兑换券，他们拥有选择的余地。这很美妙，因为它意味着自由。但是，这些兑换券中哪一张更有价值呢？幸运的是，在这方面我们每个人都有不同的想法。但研究表明，对大多数人来说，当他们在获取体验上花的钱比在获取物质上花的钱更多时，他们会更快乐。

研究还表明，假设你会获得一定数量的能带来快乐的东西，如果把这种东西拆分成更小份给你，你会获得更大的愉悦感。有些人可能梦想着休假两年环游世界，毋庸置疑，这会是令人神往的体验。但根据我自己的航海经验，实际上我认为，对大多数人来说，如果可行，将环球航行安排在更长的时间跨度内，间隔着度假，体验要美妙得多。任何能带给你愉悦的活动，都会产生愉悦感随着时间减弱的跑步机效应，当长时间做同样的事情时，你的快感就会减弱。所以，适时变化才是明智之举。

另外，还有一个提升幸福感的小窍门。研究表明，当某件事难以实现的时候，你最看重它。这很容易导致愚蠢的行为。例如，当我作为一名游客去某地旅游时，我经常发现很多本地人竟然没有去过当地遐迩闻名的景点。这是为什么呢？因为无论何时，他们想去都可以去，结果却是他们自始至终都没有去。当然，解决这个问题的办法是，去发现近在眼前随手可得的乐趣。如果不是必须，那么为什么要舍近求远呢？好好享受你身边的生活吧。

研究还表明，劳有所获要比天上掉馅饼给人们带来的幸福感强得多。因此，期盼某件事发生、精确谋划细节、为之拼命攒钱，并

第五部分　投资的回响

且最终梦想成真的过程，会给人带来极大的快乐。

正如之前提到的，我花了很多金钱为自己购买自由的时间。我花钱让别人做我不喜欢做的事情，比如雇人做行政管理。我还买了机器人修剪草坪，买了吸尘器清理地板。这给了我时间去做生活中其他我想做的事情。我认为这些钱花得很值，因为它让我更快乐。顺便说一下，根据相关研究，我不是唯一有这种感觉的人。一般来说，当人们争取到时间做自己真正想做的事情时，他们会变得更幸福。

另一个幸福的来源是，沉浸在你现在所拥有的东西或你正在做的事情中。你如果对葡萄酒或汽车领域有所涉猎，就会更加享受一瓶葡萄酒或一辆汽车带给你的快乐。有人称这为沉浸式冥想，也有人称其为心流体验。

关于幸福的一个经典的建议就是，把钱花在别人身上。大量的研究表明，帮助别人会给人带来快乐。值得玩味的是，你也可以通过投资实现这一点，尤其是投资初创企业和需要用钱来实现扭亏为盈的公司，你的投资往往可以左右一个项目的成败。

还有最后一点。研究表明，当初始的期望被超越时，人们会变得非常快乐。例如，一开始认为某件事会变得很糟糕，结果却十分美好，这会让你感到快乐。反之，如果预期很美妙，但结果不过尔尔，你就会生气沮丧。这就是为什么超越自我能带来幸福感，然而这需要付出大量的努力才能实现。

- **富有而不开心**

不幸的是，金钱并不总是给人带来幸福。有些人花钱是为了打造一个成功的表象。这样一来，他们的消费水平很容易超出实际经济能力可承受的范围。顺便说一句，这通常是他们与更加富有的人攀比导致的。总的来说，我认为，在经济可承受范围内的适度消费带给人们的快乐，要比无法承受的高消费带给人们的快乐更多。

另一些人存在一种固定型思维方式，他们认为，拥有金钱就是为自己找到了一个可以整日无所事事的机会。我认为，这其实并不会让大多数人真正感到幸福。一个完全的享乐主义者，是无法体会投入大量时间和努力不断精进为他人实现价值所带来的幸福感的。一份有成就感的工作往往是幸福的最重要的来源之一。

- **两个主题**

本书是关于投资的。它的主要结论是，为了更有效地投资，你需要将理性思维、冒险精神、成长心态、多元视角和坚定信念等结合起来，或许还要添上一点儿微妙的时与势。这是本书的第一个主题。

但还有另一个主题，那就是，确保你能用自己努力挣来的钱为你和你在乎的人做一些真正有益的事情。

本书讨论的就是这么一个（或两个）主题。